AF258340

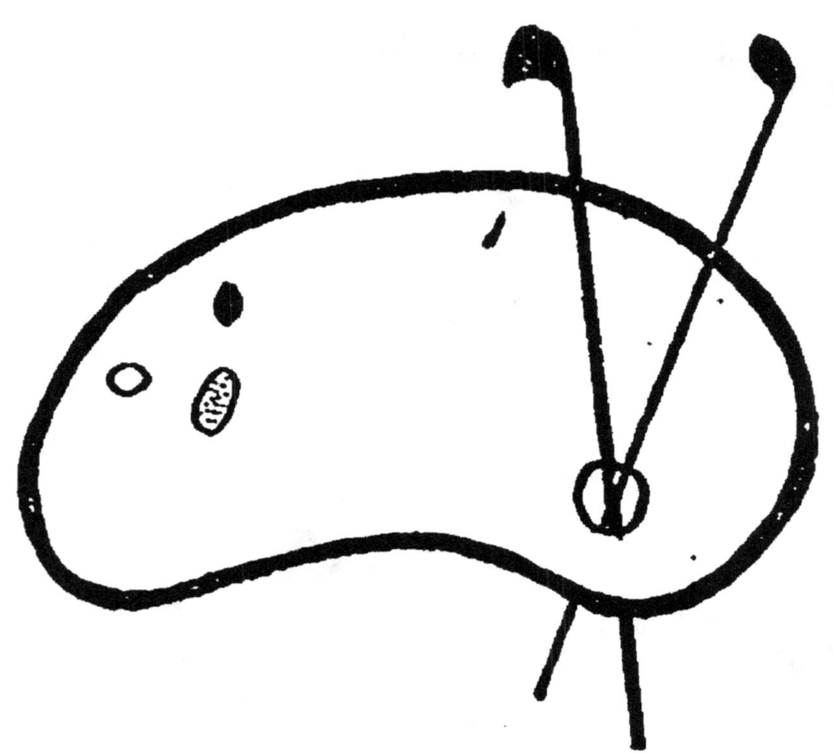

DEBUT D'UNE SERIE DE DOCUMENTS
EN COULEUR

Th. COCHARD

UN PAPE DANS L'ORLÉANAIS

1804 — 1814

ORLÉANS

H. HERLUISON, LIBRAIRE-ÉDITEUR

17, RUE JEANNE-D'ARC, 17

1898

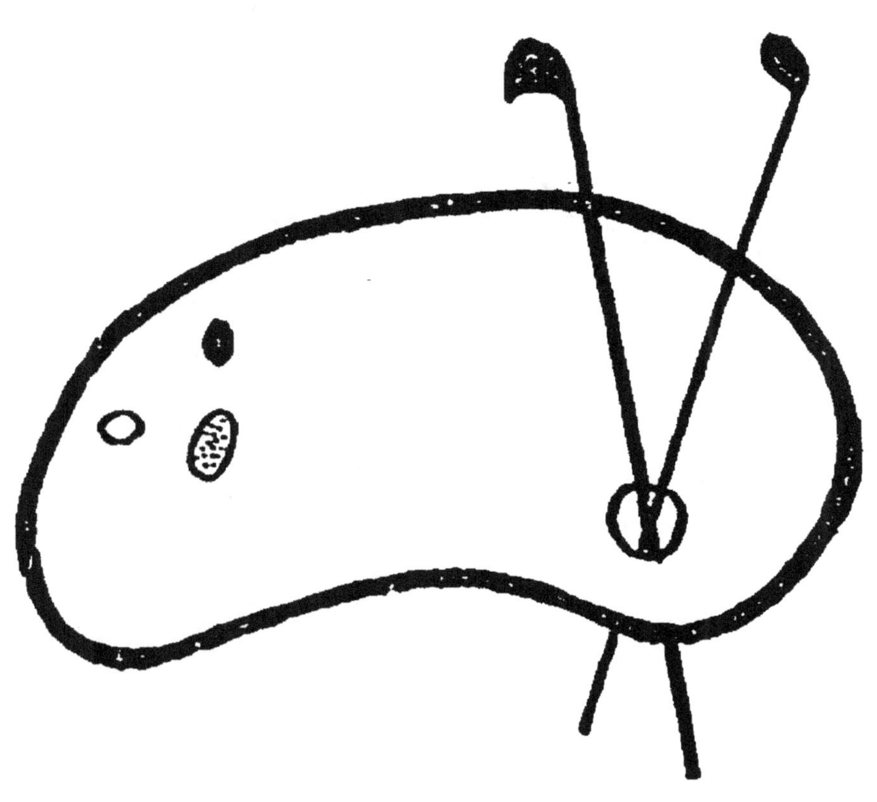

FIN D'UNE SERIE DE DOCUMENTS
EN COULEUR

TH. COCHARD

UN PAPE DANS L'ORLÉANAIS

1804 — 1814

ORLÉANS

H. HERLUISON, LIBRAIRE-ÉDITEUR

17, RUE JEANNE-D'ARC, 17

1898

UN PAPE DANS L'ORLÉANAIS

Un Souverain Pontife hors de l'Italie a toujours été un grand événement. Aussi les annales de chaque contrée, où le Pape a passé et séjourné, n'ont pas manqué d'enregistrer cette présence insolite, et de noter les faits et gestes de ce Pape, plus souvent alors en exil qu'en mission.

Ainsi, chez nous, Baronius signale la présence, à Fleury-Saint-Benoît, de Pascal II ; nos vieilles chroniques nous entretiennent du séjour, à Fleury encore, d'Innocent II, avec lequel se rencontra saint Bernard (1130) ; elles relatent, en 1162, celui d'Alexandre III, à Fleury toujours, où le roi Louis VII vint lui présenter ses hommages ; enfin, elles nous apprennent qu'en 1163, ce même Alexandre III vint à Ferrières consacrer l'église abbatiale.

Il nous faut franchir tous les temps modernes, et atteindre notre époque contemporaine, pour revoir, en France, un Pape.

Ce Pape est Pie VII ; il y fit deux voyages : l'un volontaire et triomphal, pour, au lendemain du Concordat, sacrer Empereur celui qui l'avait conclu avec lui ; l'autre, forcé, avec les humiliations de l'incognito et les rigueurs de la captivité, pour être interné dans le palais de Fontainebleau.

Dans l'itinéraire, le Souverain Pontife eut, deux fois, à traverser notre diocèse. C'est ce double passage dans l'Orléanais de Pie VII, hôte ou prisonnier, que nous nous proposons de narrer.

Avant de prendre la plume, nous nous sommes muni de tous les renseignements, officiels et traditionnels, qui étaient à nôtre portée (1). Ceux qui voudront bien nous lire reconnaîtront qu'avec ces données il y avait à composer deux pages d'histoire diocésaine, peu connues, aussi intéressantes que suggestives. Toutes deux, en effet, mettent en lumière et en relief la vivacité de la foi religieuse de nos populations au sortir de la tourmente révolutionnaire, qui avait été aussi sanguinaire qu'impie ; et elles projettent sur celui qui provoqua par la persuasion ou amena par la violence cette double apparition, un jour fort peu favorable.

(1) Que MM. le doyen de Pithiviers, le curé de Nogent-de-Vernisson, et les vicaires de Bonny, de Briare et de Montargis nous permettent de les remercier spécialement pour les documents précieux qu'ils ont bien voulu nous communiquer.

1804

Le Concordat, signé à Paris le 15 juillet 1801, n'avait été promulgué en France que le 18 avril 1802 : c'était la paix religieuse. Bonaparte, proclamé Empereur en 1804, crut que, sacré dans Notre-Dame de Paris par le Pape, qui avait ratifié le Concordat, il assurerait sur sa tête et dans sa future dynastie la couronne impériale.

A la première ouverture diplomatique, Pie VII hésita tout d'abord. Pour vaincre ses répugnances, entretenues par une partie de son entourage, le gouvernement chargea Mgr Bernier d'amener le Pape à ses vues.

Depuis le Concordat, l'abbé Bernier, devenu évêque d'Orléans, parce qu'il en avait été le négociateur officieux et l'un des signataires officiels, était resté, pour les affaires ecclésiastiques (1), l'homme de confiance de Bonaparte, premier consul, et de l'Empereur Napoléon.

Ce fut donc l'Evêque d'Orléans qui fut chargé, derrière de Talleyrand (2), le ministre des relations extérieures, de négocier en Cour de Rome le déplacement du Pape, afin qu'il sacrât Napoléon. A Paris, il conférait avec le cardinal-légat ; pour Rome, « c'était, écrit M. d'Haussonville, l'habile évêque d'Orléans qui fournissait le fond des dépêches ; M. de Talleyrand y ajoutait les grâces de son insinuant langage ; mais il fallait beaucoup de complaisance pour s'y laisser prendre (3). »

Rome s'y laissa prendre. — Nous n'entrerons pas dans le détail de ces négociations, conduites à Paris par Mgr Bernier, sous l'œil de l'Empereur, et à Rome par la plume du ministre. Ouvertes le 9 mai, trois jours après l'exécrable exécution du duc d'Enghien, elles avaient pris une tournure si favorable aux vues de Napoléon que, le 30 juillet 1804, Mgr Bernier écrivait de Paris à M. de Talleyrand (4) :

« Le courrier, parti d'ici le 20 juillet, est arrivé le 30 à Rome. Il a remis ses dépêches : on en a été très content. On ne fait pas une seule objection contre la note de Votre Excellence. Tout se prépare pour le grand voyage : on ne doute

(1) « Quant à l'Evêque d'Orléans, écrivait le cardinal Caprara, l'Empereur, dans toutes les affaires religieuses, le consulte avant de prendre aucune résolution ; puis, les choses arrêtées avec Mgr Bernier, Sa Majesté donne des ordres à M. Portalis, ou charge l'évêque lui-même de les exécuter. »

(2) *L'Eglise romaine et le premier Empire*, t. I, p. 539.

(3) *L'Eglise romaine et le premier Empire*, t. I.

(4) Cette lettre, dont la copie originale se trouve à la Bibliothèque d'Orléans, avec la suscription, n'est pas un brouillon. Comment est-elle revenue à Orléans ? On peut conjecturer qu'elle ne parvint pas telle à Talleyrand, mais qu'il reçut une autre lettre modifiée.

plus qu'il n'ait lieu. Les cardinaux vont s'assembler ; on le leur proposera, et tous diront *Amen !* parce que toute proposition, faite en Consistoire, est une chose préalablement admise en petits comités. Ainsi voilà, sur cet objet, le succès assuré.

« Mais le cardinal-légat (1) désire que, pour abréger les temps, éviter des délais et accélérer (*sic*) le départ, vous veuilliez bien adresser la lettre d'invitation au cardinal Fesch (2), qui la remettrait à Sa Sainteté, aussitôt après le Consistoire, qui statuera sur le départ, sans qu'il soit besoin d'attendre l'arrivée d'un second courrier à Paris, et le départ d'un troisième, pour porter à Rome la lettre, dont il s'agit, vu que le temps, qui s'écoulera jusqu'au 18 brumaire est bien court. Vous en déciderez dans votre sagesse. Le tout dépend de Sa Majesté et de Votre Excellence.

« Le Pape a déjà calculé le temps de ses préparatifs et celui de son voyage : il espérait se rendre à Paris dans l'espace de 30 jours, à dater de son départ ; et voilà que le cardinal Fesch a dit qu'il en faudrait plus de 50 : la réflexion n'était pas rassurante. Le bon cardinal aurait pu l'épargner au Pape. Heureusement elle n'a pas changé le projet.

« Le cardinal Consalvi (3) n'accompagnera pas le Pape à Paris. Il en prévient le cardinal et le prie de ne pas insister. Il dit qu'il est nécessaire, à Rome, pour la paix de cette capitale et la décision du grand nombre d'affaires, qui y sont pendantes. Le légat désirerait, d'après cette résolution, que, puisque des cardinaux doivent accompagner le Pape, on témoignât le désir de voir de ce nombre *M. Caselli* (4), qui va aujourd'hui très bien, surtout depuis qu'il est évêque français à Parme et cardinal français par sa position, et *Mgr di Pietro*, cardinal, ci-devant secrétaire de la Congrégation, qui a admis le Concordat : il est grand travailleur et plein de bonnes vues ; il a l'oreille du Pape pour tout ce qui s'appelle *décisions ecclésiastiques.* Le cardinal légat le logerait chez lui et répond de ses sentiments. Le reste des cardinaux est à peu près indifférent, à l'exception de trois : le cardinal *Antonelli,* exagéré et très entêté ; le cardinal *Litta,* si contraire au Concordat qu'il fit une scène au Pape à cette occasion, et le cardinal *Roverella,* ennemi déclaré du légat et de la France, auteur de l'intrigue ourdie, il y a peu de temps, contre le cardinal Consalvi par la faction Ruffo ; il ne peut être question de *Ruffo,* ni du cardinal *Mauri* (*sic*).

« J'ai cru devoir vous donner tous ces détails pour le succès de la chose, et affirmer que le séjour du Pape ne soit paisible, et qu'aucune tête exagérée ne lui inspire des sentiments contraires aux vues du gouvernement.

. . . .

« † Etienne, *Évêque d'Orléans.* »

P. S. — « A l'instant mon secrétaire arrive du ministère du

(1) C'était le cardinal Caprara.
(2) Il était alors ministre de France à Rome.
(3) Il était secrétaire d'Etat.
(4) C'était un des signataires du Concordat.

grand juge et m'annonce que la dispense est arrivée. Je fais en conséquence les préparatifs de mon départ. »

Nous verrons plus loin que le choix des cardinaux qui devaient accompagner le Pape en France ne fut pas le même que celui qu'avait suggéré l'Évêque d'Orléans.

Ce n'était donc pas sans peine que Pie VII avait acquiescé aux désirs, plus politiques que religieux, de celui qui voulait jouer au nouveau Charlemagne. Il est vrai que le Pape, en se résignant à se déplacer pour sacrer un soldat parvenu, se flattait de l'amener, dans ses entrevues à Paris, à abroger ou à reviser les « articles organiques », qui démolissaient en partie ce qu'édifiait le Concordat ; et à obtenir la rétractation explicite des évêques jureurs que le cardinal Caprara, sur une feinte soumission, avait institués canoniquement. Napoléon avait bien promis (1) de se prêter à corriger ce que Pie VII regarderait comme répréhensible dans les articles organiques, et à le seconder dans ses démarches vis-à-vis des évêques, qui avaient rétracté leur soumission, mais c'était avec l'intention, au dernier moment, d'éluder ses promesses.

Le Pape ne le reconnut qu'après le sacre : il était trop tard.

Tout d'abord, Bonaparte avait projeté de fixer la cérémonie du sacre à l'anniversaire du 18 brumaire (9 novembre) ; Pie VI aurait préféré le 25 décembre, jour où Charlemagne avait été proclamé empereur d'Occident. Napoléon, qui avait hâte de réaliser son dessein de descendre en Angleterre, préféra que la cérémonie eut lieu plus tôt ; et il fut décidé que le Pape arriverait à Paris dans les derniers jours de novembre.

Aussitôt l'Évêque d'Orléans, qui avait tant travaillé à l'épineuse question du sacre, publiait de Paris, en date du 26 octobre, une lettre pastorale prescrivant à ses diocésains des prières publiques « pour l'heureux voyage de Sa Sainteté en France. »

Après avoir annoncé que le Souverain Pontife allait donner à la France un nouveau gage de son affection paternelle, en abandonnant ses États, dans une saison rigoureuse et pénible, pour venir au milieu des Français jouir du spectacle de leur réunion, les bénir, et par l'onction sainte imprimer sur le front d'un héros le sceau sacré de la puissance, et qu'il y venait autrement que le vertueux Pie VI, Mgr Bernier ajoutait: « Aujourd'hui, les temps sont changés. Les Alpes ne verront plus un Pontife captif et languissant franchir avec peine leurs sommets escarpés. La marche triomphante de Pie VII au milieu de l'Italie et de la France va montrer à l'Europe que Napoléon Ier sait, comme Charlemagne, faire respecter la foi, le siège de Pierre, l'Église et son Chef.

« Conjurons donc le ciel de veiller sur les jours du Souverain Pontife pendant un si long voyage, de l'environner de sa force, d'écarter de lui tous les dangers..... Que sa présence au

____

(1) *Mém. du cardinal* Consalvi, p. 412.

milieu de nous achève d'étouffer jusqu'au dernier souvenir de nos dissentiments ! »

A ces causes, l'Evêque, pour se conformer à la lettre que, le 21 octobre, lui avait adressée le cardinal légat, ordonnait que les prières *pro Summo Pontifice itinerante* seraient faites à l'issue des messes paroissiales et aux saluts pendant le voyage de Sa Sainteté de Rome à Paris, et réciproquement.

De son côté, l'itinéraire tracé, le ministre de l'Intérieur invitait tous les préfets des départements, que Sa Sainteté devait traverser, à prendre leurs dispositions pour les relais et pour la réception à faire. Chaque préfet transmit aux sous-préfets les instructions gouvernementales. Partout Sa Sainteté devait être reçue par les fonctionnaires avec tous les honneurs dus au « Chef de l'Eglise universelle », et cela, dans chaque département, dans chaque arrondissement et dans chaque commune. En conséquence, le préfet du Loiret, les sous-préfets de Gien et de Montargis se mirent en devoir, en novembre, de préparer les relais, les réceptions et le logis.

Le 2 novembre 1804, Pie VII, après avoir longtemps prié près des tombeaux de saint Pierre et de saint Paul (*ad limina*), quittait Rome. Il était accompagné de six cardinaux : Antonelli, que Mgr Bernier avait récusé ; Borgia, qui devait mourir à Lyon ; di Pietro, Caselli, Braschi, et Bayane, français ; et de Mgr Bertazzoli, archevêque d'Edesse, son aumônier. Le cardinal Fesch ne faisait partie du cortège qu'à titre de ministre de France.

« On fit galoper le Saint Père, écrit Consalvi, de Rome à Paris, comme un aumônier que son maître appelle pour dire sa messe. » Sa Sainteté était, le 16, à Chambéry ; le 19, à Lyon. Dans la nuit du 23 au 24, elle couchait à Cosne ; là, elle reçut un courrier de l'Empereur, qui l'invitait à ne faire « aucune marche gênante ». La longue étape de Cosne à Nemours, à travers le département du Loiret, pouvant être considérée comme telle, le Pape s'était, « en conséquence, déterminé à coucher à Montargis ». L'itinéraire subit donc ici une modification, dont l'évêque d'Orléans sut tirer profit pour se présenter, avec son clergé, au Souverain Pontife.

A Bonny-sur-Loire. — Le 24 novembre, Sa Sainteté, partie de Cosne à 5 h. du matin, franchissait, vers 7 h., un peu avant d'arriver au bourg de Bonny, les limites du département du Loiret. Là se trouvaient, par ordre, le préfet du Loiret, Maret (1) ; le sous-préfet de Gien, Dartonne ; le maire de Bonny, escortés d'un détachement de gendarmerie (2) et d'un peloton de 30 gardes nationaux. Dès que le préfet, au nom du gouvernement, eut salué le Souverain Pontife, tous l'accompagnèrent jusqu'à Bonny.

Près de l'église étaient rangés processionnellement le curé, M. Mauduison, et ses paroissiens. En apercevant ce nouveau

(1) Frère du futur duc de Bassano.
(2) Commandé par le colonel Bouard, de la 27ᵉ légion.

groupe, « Sa Sainteté fit arrêter sa voiture tout vis-à-vis, et donna sa bénédiction (1) ». Puis, elle donna ordre de continuer sur Briare. Dans tout le trajet, les habitants des communes riveraines de la route étaient accourus de trois à quatre lieues à la ronde (2), pour saluer le Pape et solliciter une bénédiction.

Il devait en être ainsi de Bonny à Fontenay-sur-Loing, à la grande satisfaction du Pape lui-même. « Sa Sainteté, écrivait le préfet du Loiret au ministre de l'Intérieur, m'a paru sensiblement touchée de l'empressement de tous. »

A Briare. — La berline pontificale filait sur Briare ; à deux cents pas de cette petite ville, vers 8 h., elle rencontrait le conseil municipal, maire en tête, escorté par la garde nationale : elle s'arrêtait. Aussitôt le maire, M. Jacob, s'avançant vers la portière ouverte, se fit l'interprète de ses administrés, en lisant au Pape l'adresse suivante :

« TRÈS SAINT PÈRE,

« Interprète des habitants de cette ville, je viens vous offrir leurs hommages respectueux.

« Recevez, Très Saint Père, les vœux bien prononcés que nous formons pour la conservation de Votre Sainteté, ainsi que pour celle du héros que vous allez sacrer.

« Vive le Très Saint Père ! »

Cette acclamation fut répétée par les gardes nationaux et continuée avec enthousiasme par les spectateurs, parmi lesquels il nous plaît de placer le curé de Briare, M. Mathieu Bureau ; elle ne cessa que lorsqu'on eut perdu de vue la voiture du Pape.

Puis, le cortège municipal rentrait en ville, se rendait, à 8 h. 1|2, à la salle de la mairie, où sur-le-champ fut rédigé le procès-verbal, que nous venons d'analyser ; il est signé : Gilbert, Devade, Moreau, Lebeau, Bideau, Jacob, maire (3).

A Nogent-sur-Vernisson. — Au moment d'atteindre Nogent, vers 11 h., les postillons, apercevant un groupe de personnages officiels, s'arrêtèrent. C'étaient le sous-préfet de Montargis, M. Mésange (4), accompagné du maire de Nogent, M. David, de l'adjoint, M. Edme Criez, et des conseillers municipaux, escortés d'un piquet de gendarmerie et d'un détachement des gardes nationaux de Nogent ; M. le curé de Nogent,

_____

(1) *Procès-verbal de Bonny*, signé : « MAUDUISON, prêtre ».

(2) *Lettre du préfet* (archives du Loiret). — Nous devons la communication des lettres administratives, relatives au passage de Pie VII dans notre diocèse, à l'obligeance de M. L. Jarry.

(3) *Archives de Briare.*

(4) Avant la Révolution, M. Julien Mésange était avocat en parlement : procureur-syndic de Montargis, il s'était rendu acquéreur de l'abbaye de Fontainejean et de son domaine. Il mourut à Fontainejean en 1835.

Nicolas Vapereau, assisté de maître Pierre Boucher, desservant de Saint-Maurice-sur-Aveyron, et de M. Guillou, vicaire de Châtillon-sur-Loing (1), qui s'étaient rendus « processionnellement à l'embranchement de la route de Briare et de celle de Châtillon-sur-Loing pour recevoir Sa Sainteté Pie VII (2). »

Le sous-préfet s'approcha de la portière. « Après avoir fait une courte harangue à Sa Sainteté, il lui remit une lettre de l'évêque d'Orléans, suppliant Sa Sainteté de lui permettre de l'entretenir un instant à Montargis. » Mgr Bernier, en l'écrivant, ignorait que le Souverain Pontife dut coucher à Montargis, où lui-même était depuis le 21. Sa Sainteté répondit à l'adresse du sous-préfet par un salut gracieux.

Le curé de Nogent, dans son procès-verbal, écrit : « Ce digne prélat (*sic*) nous répondit avec un air de bonté, de tendresse et de modestie touchante ; et, après avoir béni et reçu de nous l'encens, nous donna sa sainte bénédiction, que nous reçûmes à genoux. »

La voiture pontificale reprenait sa marche jusqu'à Nogent. « Le Saint Père descendit à l'hôtel de la Rose, pour y prendre un déjeuner frugal (3) » ; il mangea seul à une table, tandis que les personnages de sa suite prirent leur repas à une autre table. (4) « Après lequel, ajoute le curé, il voulut bien nous honorer d'une audience. Ensuite, il se rendit à nos vœux, en se faisant conduire (en voiture) à notre église paroissiale, où il donna solennellement la bénédiction du Très-Saint-Sacrement (5). »

En mémoire de ce passage du Pape à Nogent, une plaque de marbre blanc a été posée dans l'église paroissiale, avec cette inscription :

LE 24 NOVEMBRE 1804
SA SAINTETÉ PIE VII
A DONNÉ SOLENNELLEMENT LA
BÉNÉDICTION DU SAINT SACREMENT
DANS CETTE ÉGLISE

L'ostensoir, en cuivre doré, qui alors servit au Souverain Pontife, a été religieusement conservé ; il a sur le pied, au dehors et au dedans, cette inscription gravée :

Sa Sainteté Pie VII a donné solennellement la bénédiction du Saint Sacrement avec cet ostensoir.

Montargis. — 1° *Entrée de Mgr Bernier.* — C'était à Montar-

---

(1) M. Tonnellier, curé de Châtillon, était à Montargis dans la suite de l'Evêque, qui attendait alors le Souverain Pontife.

M. Guillou, après avoir été curé de Dammarie, de Verdes et de Trainou, était, en 1825, prêtre sacristain à Saint-Paterne ; il est mort en 1837.

(2) *Procès-verbal du registre paroissial de Nogent-sur-Vernisson.*

(3) « L'hôtel de la *Rose* », ainsi nommé parce qu'il était tenu par Mlle Rose, et sis à côté de l'église, presque en face du presbytère, n'existe plus sous ce nom ; il s'appelle aujourd'hui « l'hôtel du Puy-de-Dôme. » (*Note de M. l'abbé Baduel, curé de Nogent*).

(4) *Lettre du sous-préfet de Montargis.*

(5) *Procès-verbal du Curé.*

gis que l'Evêque d'Orléans avait résolu de se rendre, pour offrir ses hommages et ceux du clergé d'Orléans au Souverain Pontife. Croyant que Sa Sainteté passerait dans cette ville du 22 au 23 novembre, — car les jours de l'itinéraire avaient varié, — Mgr Bernier arriva à Montargis le mercredi 21, vers une heure de l'après-midi. Il descendit chez M. Aubépin père, l'un des marguilliers de l'église paroissiale. Il n'avait pas encore vu Montargis ; et, Montargis, qui, avant le Concordat, relevait de l'archevêché de Sens, n'avait jamais vu, dans ses murs, un évêque d'Orléans. Les nouveaux diocésains avaient donc un grand désir de voir leur nouveau pasteur ; et grand besoin d'être visité par lui. Cette petite ville, ancienne capitale du Gatinais orléanais, avait beaucoup souffert de la tourmente révolutionnaire ; elle avait perdu toutes ses familles religieuses : ses célèbres monastères des « Dames de Saint-Dominique », des Ursulines, des Bénédictines et des Visitandines ; le couvent des Récollets ; le collège des Barnabites, fondé par saint François-de-Sales, n'étaient plus. L'un de ses curés, M. Voilleraud, avait été guillotiné à Paris. Depuis le Concordat, la paroisse était administrée par un curé presque nonagénaire et par deux vicaires.

On s'étonnera peut-être que l'Evêque d'Orléans ait attendu deux ans avant de visiter l'une des villes importantes de son diocèse. Mais on oublie qu'avant de visiter les paroisses, il avait fallu les organiser, puis les pourvoir de prêtres ; et qu'avant de confirmer les enfants, il était nécessaire de les instruire. C'était bien là ce qu'avait fait Mgr Bernier. De son cabinet, il avait eu d'abord maintes mesures à prendre pour rétablir le culte ; et, le culte repris, il avait eu à attendre que ses prêtres eussent suffisamment instruit toute une génération, élevée sans religion. Et puis, ce n'était pas seulement le département du Loiret, mais encore celui du Loir-et-Cher, qui étaient soumis à sa sollicitude pastorale. Or Montargis, comme importance, venait alors après Blois, et même après Vendôme et Romorantin.

Comme c'était la première fois que Mgr Bernier y faisait son entrée, il avait été décidé qu'on ferait à l'Evêque une réception des plus solennelles.

Aussi, dès qu'on sut qu'il était arrivé « M. Claude Bard, l'un des vicaires (le curé, M. Rousselet, étant décédé quelques jours auparavant (1), accompagné du clergé de la ville (2), alla lui rendre ses hommages, et prendre ses ordres pour le lendemain. » Et le jeudi 22 novembre, « le clergé de la ville, avec les curés des paroisses circonvoisines, se rendait au logis de l'Evêque, processionnellement, avec les croix, la bannière et le dais, qui était porté par quatre confrères du Très-Saint-Sacrement, et les cordons tenus par les quatre marguilliers. Au clergé s'était jointe une partie de la députation du Chapitre et

____

(1) Le 14 novembre, il avait 86 ans.

(2) Ce clergé se composait, outre M. Bard, de MM. Lamet, second vicaire ; Pillé, ancien bénédictin, prêtre habitué et aumônier de l'hospice ; Salles, desservant de Châlette.

clergé d'Orléans (1), qui s'était rendue à Montargis pour la réception du Souverain Pontife. Mgr l'Evêque s'étant placé sous le dais, le cortège se rendit processionnellement à l'église. M. Tonnellier, doyen de l'arrondissement, le reçut à la porte en habit de chœur, mais sans étole, lui présenta l'eau bénite et l'encens, lui fit baiser la croix et le complimenta. Sa Grandeur, après avoir répondu de la manière la plus flatteuse à ce compliment, fut conduite dans le chœur, à son trône, préparé à droite du maître-autel. Là elle entendit la messe ; puis elle administra le sacrement de Confirmation (2) » ; ce qu'elle répéta le vendredi 23 et même le samedi 24 novembre, car le Souverain Pontife ne devait arriver à Montargis que dans l'après-midi du 24.

2° Réception de Pie VII. — En ce jour, en effet, et vers deux heures et demie, aux abords de Montargis, dans le faubourg de Lyon, la voiture pontificale s'arrêtait devant le groupe formé par le maire, M. Aubépin, ses adjoints et les membres du Conseil municipal, escortés par la garde nationale et accompagnés « d'une foule immense d'habitants qui étaient allés au-devant. » Le maire complimenta Sa Sainteté ; Sa Sainteté remercia le maire (3). Puis le cortège se rendit à l'église Sainte-Madeleine, où « l'Evêque, à la tête de la députation du Chapitre et du clergé d'Orléans, à laquelle s'était joint le clergé de Montargis, l'attendait sur le seuil. »

Ici nous reproduisons le récit, fait par un témoin oculaire, et publié par les *Annales périodiques d'Orléans,* n° 95 (4) :

« La voiture du Saint Père, attelée de huit chevaux et escortée par un détachement de gendarmes, s'est arrêtée à la porte de l'église, où Mgr l'Evêque d'Orléans, MM. ses grands vicaires, une partie du clergé d'Orléans, celui de Montargis et des environs, se sont trouvés rassemblés pour le recevoir. »

Une note manuscrite, du temps, nous donne l'ordre du cortège épiscopal et les noms des ecclésiastiques orléanais, qui le composaient : ces noms sont à retenir.

En tête, un jeune ecclésiastique de Montargis, qui portait la *Croix,* et avait, pour acolythes, MM. Champion, desservant de Saint-Laurent, et Roma, chapelain de l'hôpital.

Suivaient le clergé de Montargis, auquel s'étaient réunis MM. Tonnellier, curé de Châtillon-sur-Loing, et Frou, curé de Beaune ; — MM. Brigot, desservant de Sully ; Bouquier, ancien chartreux ; Geffrier, Ladureau, Jucqueau, Delasalle, chanoines ; Pilté, vicaire de Saint-Paul, *porte-bougeoir ;* Soret, desservant de Saint-Donatien, *porte-litre ;* Limosin et Bernet, vicaires de Saint-Paterne, *porte-mitres ;* Charles, curé de Saint-Paterne, et Coquelle, chanoine, *choristes ;* Corbin, sous-chantre,

(1) Nous donnons plus loin les noms des délégués du clergé orléanais.

(2) *Note du vicaire Bard,* insérée dans le *registre paroissial* de Montargis de l'année 1804.

(3) *Lettre du sous-préfet au préfet.*

(4) En voici le titre : *Détails intéressants sur le passage de N. T. S. P. le Pape Pie VII en la ville de Montargis,*

faisant office de *grand-chantre*, avec le bâton cantoral ; — Désparrins, chanoine ; Mérault, archidiacre de Gien. ; Métivier, vicaire général ; Demadières, *porteurs du dais* ; Clavelot, chanoine, et Hudebert de Blanbisson, vicaire général, *assistants* ; Antoine Blandin, chanoine, *sous-diacre* ; Collignon, archidiacre de Montargis, *diacre* ; — enfin Mgr Bernier, *officiant*.

Nous reprenons notre récit, pour ne plus l'interrompre :

« Mgr l'Evêque, revêtu d'une chape, assisté d'un diacre et d'un sous-diacre, précédés de la croix et des chandeliers, s'est prosterné aux pieds de Sa Sainteté, qui lui a fait signe de se relever ; il lui a offert ensuite l'eau bénite et l'encens, et lui a adressé un discours en français, dont voici à peu près la substance :

« Très Saint Père, il ne suffisait pas à votre gloire d'avoir
« rétabli la religion et relevé les autels en France ; il ne lui
« suffisait pas d'avoir formé avec le gouvernement français
« un Concordat, qui doit assurer le maintien et l'extension de
« la religion catholique ; votre amour est allé plus loin ; vous
« venez honorer de votre présence notre patrie, si longtemps
« affligée ; vous venez donner l'onction sainte au héros qui
« nous gouverne ; vous venez vous-même consolider et per-
« fectionner votre ouvrage. Quelle joie pour nous de voir dans
« nos murs le Vicaire même de Jésus-Christ ! Que n'avons-
« nous pas à espérer des résultats salutaires de son courage
« et de son dévouement ! »

« Le Saint Père lui a répondu ainsi, dans la même langue :

« Monseigneur l'Evêque, nous ne méritons pas les éloges
« que vous nous donnez, mais nous savons qu'ils sont l'expres-
« sion de votre tendresse filiale et les témoignages de votre
« fidélité au Saint-Siège et de votre attachement à notre per-
« sonne. Daigne le ciel seconder nos désirs et bénir notre
« entreprise, nous lui en rendrons d'éternelles actions de
« grâces ! »

« Sa Sainteté, accompagnée d'un archevêque et d'un évêque, ses assistants ordinaires, vêtus d'habillements violets, a été conduite processionnellement sous un dais, porté par quatre chanoines, au milieu du sanctuaire, où l'on avait préparé un prie-dieu et des coussins. Sa Sainteté s'est prosternée et a fait sa prière avec un profond recueillement. Mgr l'Evêque a fait alors l'exposition du Saint-Sacrement (1), et a présenté l'encensoir et l'encens au Saint Père. On a chanté une antienne et récité quelques oraisons, ensuite Mgr l'Evêque a donné la bénédiction. Au moment où Mgr l'Evêque passait pour aller

---

(1) Le *procès-verbal* paroissial dit que le Très Saint Sacrement avait été exposé par le grand archidiacre, M. de Blanbisson. Une autre relation prétend que le Très Saint Sacrement fut encensé par le Pape.

L'ostensoir en cuivre doré, dont on s'est servi en ce jour, a été conservé. On s'en sert, chaque année, au salut, qui est célébré le 24 novembre.

prendre son rang à la sortie de l'église, Sa Sainteté s'est relevée et l'a abordé en lui disant : « Pourquoi cacher votre croix ? ce n'est pas pour vous..... » Mgr l'Evêque a pris la main de Sa Sainteté et l'a portée sur son cœur ; Sa Sainteté a fait de même à son égard (1).

« On a reconduit le Saint Père jusqu'à la porte de l'église avec les mêmes cérémonies qu'à son entrée. Sa Sainteté est remontée dans sa voiture et s'est rendue à l'habitation qui lui était destinée. C'était la maison d'un riche propriétaire de Montargis, nommé M. de Vaublanc, sise dans la Grande-Rue, près l'église (2).

« Monseigneur, de retour chez lui avec son clergé, a député deux ecclésiastiques pour aller demander à Sa Sainteté l'heure à laquelle on pourrait être admis auprès d'elle. D'après sa réponse, et sur l'invitation de Mgr l'Evêque, tout le clergé s'est réuni, en habits de chœur, à cinq heures et demie, pour aller visiter le Saint Père. Mgr l'Evêque s'est mis à la tête, en costume de cérémonie, et revêtu de la mante violette, à manches, que les évêques sont dans l'usage de porter, lorsqu'ils sont admis auprès des papes.

« Le cortège a été introduit dans l'appartement de Sa Sainteté par ses assistants ordinaires ; Mgr l'Evêque, un instant, a fait une génuflexion profonde ; Sa Sainteté lui a fait signe de se relever. Alors Mgr l'Evêque s'est placé debout, à la gauche du Saint Père, qui était assis dans un fauteuil, auprès du feu, le pied droit élevé sur un tabouret ; à sa droite, était aussi debout Mgr le cardinal Fesch, archevêque de Lyon, en costume de cardinal. »

Voici le portrait de Pie VII, que donne, *de visu*, notre témoin :

« Le Souverain Pontife est âgé de 62 ans ; il est un peu courbé ; sa tête est inclinée sur sa poitrine ; sa figure est noble et imposante, son air gracieux et affable ; il a le front large, le nez aquilin, les yeux renfoncés mais vifs, les joues creuses, les cheveux noirs et épais. Sa taille est d'environ cinq pieds quatre à cinq pouces. Il était revêtu d'une robe de laine blanche, semblable à celle des chartreux ou des feuillants ; il

(1) Pour l'intelligence de cette phrase, il est nécessaire de savoir que les évêques doivent dissimuler leur croix pastorale, et que les cardinaux seuls peuvent la garder ostensiblement en présence du Pape.

(2) Le *procès-verbal* paroissial dit que « Sa Sainteté s'est retirée dans la maison de Mlle Viénot de Vaublanc ». M. Viénot de Vaublanc était un des législateurs, qui avaient fait la motion que Bonaparte fut nommé Consul à vie.

Deux autres notables de Montargis avaient offert leur maison : M. de Machault et M. Charier, inspecteur des Domaines, gendre de M. Gillet de la Jacqueminière, tribun.

M. Delisle, grand manufacturier, aurait désiré que le préfet présentât au Saint Père des produits de sa fabrication : « Je vous fais passer, écrivait le sous-préfet au préfet, des échantillons de papier que M. Delisle a fait fabriquer, pour les faire présenter à Sa Sainteté à Montargis. » Le préfet n'en fit rien, puisqu'il avait quitté le cortège pontifical à Briare, pour revenir à Orléans.

avait une ceinture rouge, terminée par des glands en or; un chapeau de velours cramoisi, ayant la figure d'une gondole, la forme peu élevée; une calotte de laine blanche, avec un petit bouton de même étoffe au milieu; une mosette de velours cramoisi, brodée d'hermine, avec un petit capuce par derrière; un rochet; une étole rouge et courte; des bas blancs. Ses mules sont faites en forme de pantoufles, recouvertes en velours rouge, orné de quelques fleurs; au milieu, sur le dessus du pied, est une croix en or; c'est cette partie qui est l'objet de l'adoration, lorsqu'on est admis à baiser la mule de Sa Sainteté.

« Le cardinal Fesch avait une robe rouge, un rabat noir, une calotte rouge, et portait sous le bras un chapeau français, à trois cornes, de même couleur, orné de glands en or.

« Sa Sainteté a parlé pendant quelques instants, à mi-voix, à Mgr l'Evêque, puis elle s'est levée, *et l'a entretenu assez long-temps à voix basse.* Tout le clergé a été admis à baiser la mule du Saint Père, et même son anneau pontifical, faveur particulière, ordinairement réservée aux évêques. »

« Pie VII, lisons-nous dans une relation contemporaine, a adressé à chacun de ses membres les choses les plus honnêtes. Il est impossible d'être plus affable que Sa Sainteté l'a été à Montargis (1). »

Le sous-préfet, dans sa lettre au préfet, complète ainsi, par ces détails, les relations et le procès-verbal paroissial :

« Après la bénédiction au peuple, Sa Sainteté fut reconduite à sa voiture par le clergé et les autorités civiles, qui l'accompagnèrent à la maison qui lui avait été préparée..... Sa Sainteté s'étant un peu reposée, les différents corps furent admis à lui présenter leurs hommages, qu'ils exprimèrent par de courtes harangues. A cinq heures du soir, à la suite du clergé, un grand nombre de personnes de tous rangs et des deux sexes furent admis à baiser la mule du Saint Père. A six heures environ, on servit à souper à Sa Sainteté, qui mangea seule; on porta également à souper à Mgr le cardinal Fesch, qui était logé à cent pas de Sa Sainteté. Les principaux officiers de Sa Sainteté se rendirent, le soir, à l'auberge de « la Madeleine », où M. de Salmatoris, grand maître des cérémonies, leur donna à souper. » Le sous-préfet, le maire et l'Evêque y avaient été invités : les deux premiers seuls y assistèrent. Au repas de gala, servi en maigre, l'Evêque vint, un instant avant l'heure, remercier M. de Salmatoris, parce qu'il devait partir, à dix heures du soir, pour Fontainebleau.

Ce départ précipité de Mgr Bernier pour la ville où se trouvait l'Empereur, nous fait croire que l'entretien, que l'Evêque avait eu, avant la réception du clergé d'Orléans, nécessitait cette diligence. Mgr Bernier avait-il une mission officielle? Peut-être, car l'Evêque d'Orléans était « l'homme, dont l'esprit sage et profond avait été employé à vaincre toutes les dif-

(1) *Précis historique du voyage du pape Pie VII en France*, par S. C. — Bruxelles, 1806.

ficultés du Concordat (1) » et du sacre lui-même ; il était donc
désigné pour faire, à la veille du sacre, et au nom de l'Empereur, les dernières communications confidentielles. Il y eut sans
doute, entre l'Evêque et le Pape, un dernier échange d'idées,
que Mgr Bernier crut assez importantes pour ne pas tarder à
les transmettre de vive voix à l'Empereur. Quoiqu'il en ait été,
laissant à Montargis son clergé, entre dix heures et minuit,
il gagnait Fontainebleau.

Le soir, toute la ville de Montargis fut illuminée.

Cependant le Saint Père, harassé par un « galop » de vingt
lieues en poste et par une série de réceptions officielles, s'était
retiré dans son appartement, situé au premier étage, où il tenta
de prendre un peu de repos ; car, vers trois heures du matin, il
devait être sur pied, afin de prendre toutes les dispositions
requises pour la dernière étape.

Mlle Viénot de Vaublanc, qui avait eu l'honneur d'avoir pour
hôte le Souverain Pontife, a, depuis, fait apposer sur la façade
de sa maison, sise rue du Loing, nº 28, cette inscription commémorative :

LE XXIV NOV. MDCCCIV
S. S. LE PAPE PIE VII
PASSANT PAR MONTARGIS
A SÉJOURNÉ DANS CETTE MAISON.

POUR EN PERPÉTUER LA MÉMOIRE
Mlle A. VIÉNOT DE VAUBLANC, PROPre
A FAIT POSER CETTE INSCRIPTION.

A l'intérieur de cette maison historique, se trouve encore le
portrait de Pie VII, par David, copié par un élève de Girodet.

Le lendemain 25 novembre, qui était un dimanche, Sa Sainteté, avant quatre heures du matin, entendait la sainte messe,
dite, dans son appartement, par son aumônier (2) ; puis, après
avoir salué le sous-préfet, le maire et les adjoints, Sa Sainteté,
vers cinq heures, remontait en voiture. Quelque temps, celle-ci
alla au pas, accompagnée par ces autorités et escortée par un
détachement de la garde nationale, jusque vers l'extrémité du
faubourg de Paris, « où Sa Sainteté répondit de la manière la
plus gracieuse à leurs dernières salutations (3). »

Après avoir traversé Fontenay, où eut lieu le premier relais,
et Dordives, l'équipage pontifical franchissait les limites du
département, sises entre Dordives et Souppes Là, le préfet de
Seine-et-Marne, le baron Lagarde, et le sous-préfet de Fontainebleau, César Valade, étaient allés recevoir et saluer Pie VII.

Le sous-préfet de Montargis, dans sa lettre au préfet du

(1) Thiers, *Hist. du Consulat et de l'Empire*, t. V, p. 238.
(2) D'autres relations disent que cette messe fut dite à trois heures
du matin, et par le cardinal Fesch. M. le sous-préfet, dans sa lettre
au préfet, dit que le cardinal Fesch partit pour Fontainebleau avant
quatre heures du matin.
(3) *Lettre du sous-préfet.*

Loiret, résumait la traversée du Pape dans son arrondissement par cette phrase administrative : « Partout la foule a été grande sur son passage, mais l'ordre a régné. »

Sa Sainteté arrivait à neuf heures à Nemours ; primitivement, elle ne devait y arriver que la nuit, et inaugurer, par le fait de son passage, le nouveau pont : « ce qui n'avait nulle grâce », fit alors observer l'évêque d'Orléans (1). Salué par sept coups de canons, tirés par une demi-douzaine de vieilles couleuvrines, Pie VII inaugurait le nouveau pont, que son attelage parcourut au pas ; et, après avoir assisté à un salut chanté dans l'église, il gagnait la maison, où un appartement lui était réservé (2). Après le repas, le Souverain Pontife, à dix heures et demie, remontait en voiture pour se rendre à Fontainebleau, où, après avoir rencontré l'Empereur Napoléon, à la Croix-Saint-Hérem, il arrivait à midi (25 novembre).

3° Orléans au Sacre — Comme le sacre de l'Empereur a été l'occasion du passage de Pie VII dans l'Orléanais, nous pensons ne pas trop sortir de notre sujet, en disant la part représentative, que le département, le diocèse et la ville d'Orléans prirent dans cette cérémonie.

Le sacre eut lieu à Notre-Dame, le dimanche 2 décembre. Le diocèse d'Orléans y était représenté par Mgr Bernier ; le département du Loiret, par M. Gillet de la Jacqueminière, député, et par M. Maret préfet ; la ville d'Orléans, par M. Crignon-Désormeaux, maire ; Delaloge, chamoiseur, adjoint ; Le Brun, architecte ; Septier, bibliothécaire.

L'Évêque d'Orléans suivit, avec un intérêt tout personnel, le cérémonial : il l'avait composé, de concert avec Cambacérès, en mêlant le rite romain du pontifical et le rite français des sacres royaux. Napoléon s'y conforma-t-il de point en point ? Il est permis d'en douter. Mgr Bernier dut s'en apercevoir, et constater, avec peine, que l'Empereur ne fit que bâiller pendant la cérémonie (3).

Le vendredi suivant, l'Évêque présentait à Sa Sainteté, qui résidait au pavillon de Flore, le maire d'Orléans, le sous-préfet de Pithiviers et les autres délégués du Loiret. Le maire, après avoir offert ses hommages au Pape et ceux de la ville qu'il représentait, exprima le vœu qu'à son retour en Italie, Sa Sainteté daignât l'honorer de sa présence, en passant à Orléans, et accorder aux Orléanais cette bénédiction qu'eux-mêmes étaient venus solliciter. Pendant cette allocution, « le Souverain Pontife n'a cessé de tenir serrée contre sa poitrine la main de Mgr l'Evêque d'Orléans (4). »

Le lendemain, les délégués de la ville d'Orléans rentraient dans leurs foyers. « Ils ramenaient, attaché derrière leur ber-

(1) ARTAUD. *Histoire du Pape Pie VII*, 1er vol., p. 491.
(2) *Un Pape d Nemours*, par M. THOISON.
(3) ARTAUD, *Histoire du Pape Pie VII*, p.
(4) *Annales périodiques d'Orléans*, déc. 1804.

line et soigneusement enveloppé, un carrosse de gala, don impérial à la municipalité, dont celle-ci se servit, pour la dernière fois, dans une visite du duc d'Orléans, vers 1834 », pense le chroniqueur, qui nous a conservé ce détail (1).

Mgr Bernier, lui, resta à Paris pendant un laps de temps assez long : l'Empereur avait encore besoin de lui pour négocier avec le Pape certaines affaires ecclésiastiques, que Pie VII s'était réservé, en venant en France, de traiter avec Napoléon (2).

Avant de quitter Paris, il avait la consolation d'apprendre que, le 20 mars 1805, M. de Jarente d'Orgeval, ex-évêque d'Orléans, suivant son conseil, s'était jeté aux pieds du Souverain Pontife, lui avait avoué toutes ses fautes, et qu'il ne s'était relevé qu'après en avoir obtenu la complète absolution (3).

Peu de temps après, Mgr Bernier rentrait dans sa ville épiscopale, où, désormais, il devait, jusqu'à sa mort prochaine, résider d'une manière plus continue : il était brouillé avec l'Empereur (4), et n'avait plus l'espoir d'obtenir le chapeau de cardinal, qu'il savait lui avoir été réservé *in petto*, depuis 1803 (5). D'ailleurs, sa santé demandait de grands soins, sinon du repos, du moins du calme, qu'il devait trouver plus facilement dans le cabinet de son palais épiscopal que dans les antichambres des ministères et des Tuileries (6).

Le 4 avril suivant, le Pape lui-même quittait à son tour Paris, sans avoir obtenu de « son très cher fils » tout ce qu'il en avait espéré : il regagnait l'Italie par un autre itinéraire, qui ne comprenait pas le département du Loiret (7). Toutefois, Sa Sainteté avait été très satisfaite de l'accueil révérencieux que les populations de France lui avaient fait.

« L'impiété, trop longtemps imposée, écrit M. Thoison (8), était demeurée à la surface : l'âme du peuple n'en avait point été atteinte. Quand le vicaire de Jésus-Christ toucha notre sol, frémissant encore des révolutions, la France chrétienne se ressaisit tout entière ; et Pie VII, de retour à Rome, se rappelant, non sans douceur, les incidents de son voyage, put dire :

« *J'ai traversé la France au milieu d'un peuple à genoux !* »

(1) PILARD, *Ce que raconte grand-père*, p. 10.
(2) ARTAUD, 2ᵉ vol., p. 9 et 62.
(3) PATAUD, *Chronol.*, 20 mars 1805, et PELLETIER, *Evêques d'Orléans*.
(4) « Le bruit général est que le successeur (de Mgr Jarente) rentre dans son diocèse pour n'en plus sortir, et que les nœuds d'amitié qui l'attachaient à l'Empereur, sont absolument rompus. » (PATAUD, 1805, 20 mars).
(5) Un chanoine de Verdun, M. de Chaligny, lui avait dédié une pièce de vers latins, avec cette suscription : « Bernier, cardinal, Evêque d'Orléans. »
(6) Mgr Bernier mourait le 1ᵉʳ octobre 1806, à Paris, dans son appartement d'hôtel garni, sis rue des Saints-Pères, 63 : il n'avait que 42 ans.
(7) Cet itinéraire le fit traverser la Champagne et la Bourgogne.
(8) *Un Pape à Nemours.*

1814

Se rappelle-t-on que, le 20 octobre 1804, pour annoncer et recommander à ses diocésains le voyage de Pie VII en France, Mgr Bernier avait écrit :

« Les Alpes ne verront plus un Pontife, captif et languissant, franchir, avec peine, leurs sommets escarpés. La marche triomphante de Pie VII au milieu de la France va montrer à l'Europe que Napoléon I⁰ sait, comme Charlemagne, faire respecter la foi, le siège de Pierre, l'Eglise et son chef ».

Eh bien ! à 10 ans d'intervalle, les Alpes devaient revoir un Pontife captif, et languissant, franchir, avec peine, leurs sommets escarpés : ce Pontife, c'était ce même Pie VII ; et la marche humiliante de ce pape à travers l'Italie et la France allait convaincre l'Europe, que Napoléon I⁰ n'avait jamais su respecter, comme Charlemagne, la foi, le siège de Pierre, l'Eglise et son chef.

Mais l'Evêque d'Orléans était mort depuis six ans, un peu revenu sur son héros, quand survinrent les événements déplorables, qui infligèrent à ses lyriques paroles le plus formel démenti.

Voici comment Napoléon I⁰, devint, vis-à-vis du Souverain-Pontife, un autre Frédéric Barberousse.

Le refus du Pape de rompre le mariage de Jérôme-Patterson (1805), avait commencé la brouille ; le refus par Pie VII de n'instituer canoniquement les évêques nommés par Napoléon, qu'après que celui-ci aurait évacué les Etats pontificaux, amena l'orage. Le Pape ne voulant pas être, ni le vassal, ni le chapelain de l'Empereur, ce dernier, pour en finir, proféra les plus terribles menaces contre l'indépendance du Saint-Siège et la liberté personnelle du Souverain-Pontife. En les apprenant, Pie VII promulguait le 9 juin 1809 la sentence d'excommunication contre son persécuteur ; il était tout prêt, comme Innocent III, à subir les représailles de celui qu'il avait sacré Empereur.

Ces représailles furent promptes et d'une violence progressive. Par un de ces coups de force dont Napoléon était coutumier — qu'on se rappelle l'arrestation du duc d'Enghien — Pie VII était, le 6 septembre 1809, enlevé de son palais du Quirinal, et conduit *manu militari* à Savone, où il arrivait à la fin de septembre. A cette nouvelle, tous les peuples de l'Empire français s'émurent. L'Empereur surpris crut opportun de désavouer ses agents ; il bâillonna la presse indépendante et imposa le silence à la presse officielle. Ce fut à ce moment, où, dans l'édifice impérial on percevait de sourds craquements, qu'il prenait ses dispositions pour s'éterniser, en se créant, par descendance, une dynastie. Pendant qu'un servile conseil d'Etat prononçait le divorce de son premier mariage, l'officialité métropolitaine de Paris, sans recourir au Pape, prononçait l'annulation de son mariage religieux avec l'impératrice Joséphine. Ceci fait, Napoléon contractait mariage avec Marie-Louise, fille de l'empereur d'Autriche (1809). Tous les cardinaux de l'Empire avaient été invités au mariage religieux. Sur vingt-six, treize seuls eurent le courage de s'abstenir. On leur interdit la pourpre, afin de les désigner à la vindicte publique sous le nom de *cardinaux noirs*.

S'étant passé du Pape pour son second mariage, l'empereur se crut assez fort pour se passer même de la papauté (1) : il imagina donc, dans son *delirium omnipotentiæ*, d'enlever au Souverain Pontife tout pouvoir sur la France catholique. En 1811, l'impératrice Marie-Louise lui donnait un fils, et à ce fils il donnait aussitôt le titre de *roi de Rome*. C'était, après avoir volé l'anneau du pêcheur, jeter à terre la tiare, et confisquer à Pie VII, avec sa capitale, son modeste royaume.

Cette intention spoliatrice se dessine dans le pseudo concile de Paris de 1811. Bien que les Pères aient eu la faiblesse de déclarer que l'institution canonique, jusqu'alors refusée par le Pape à 27 évêques nommés, pouvait l'être, à son défaut, par le métropolitain, il ne se trouva pas parmi eux un autre Michel Cérulaire, qui consentit, comme patriarche de Paris, à se prêter à toutes ses visées schismatiques. Dépité, l'Empereur résolvait de faire résider en France le Pape, afin que, l'ayant dans ses serres, il lui arrachât, par l'intimidation ou par la terreur ce que les Pères de Paris n'avaient pas osé lui concéder. C'était Machiavel se faisant geôlier et pis encore... pour ne pas dire bourreau.

A ceux qui ne connaissent que le Napoléon de la légende, le mot paraîtra dur ; il n'est que juste pour ceux qui se donneront la peine de chercher le Napoléon de l'histoire : celui-là est le vrai (2).

En conséquence, sous prétexte que les Anglais pouvaient enlever Pie VII de Savone, l'Empereur donnait l'ordre de l'amener à Fontainebleau très promptement, sans qu'on pût s'en apercevoir. Aussi, le 10 janvier 1812, fit-on partir le Saint-Père la nuit et à pied jusqu'au dehors de la ville. Pour le déguiser, on lui avait mis sur la tête un chapeau rond, et on l'avait revêtu d'une redingote. On lui avait fait faire des souliers noirs ; mais, comme ils se trouvèrent trop courts, on noircit ses mules, qui étaient blanches. Ce fut dans cet accoutrement,

(1) A Canova, qu'il avait appelé à Paris (1810), pour sculpter dans le marbre sa nouvelle épouse, et qui, en catholique italien, l'engageait à se réconcilier avec le Pape, Napoléon répondait : « Quoi ! Monsieur, j'ai 60 millions de sujets, 8 à 900 mille soldats... j'ai livré 40 batailles ! »

(2) Ils le trouveront tel, surtout dans les *Mémoires* des cardinaux Consalvi et Pacca. C'est d'après ces témoins véridiques que nos grands historiens, comme le chevalier Artaud, MM. Thiers et d'Haussonville, nous ont donné son portrait au vrai. La *correspondance*, pourtant si épurée, *de Napoléon*, confirme, et au delà, tout ce que ces auteurs en ont écrit.

que le Chef de l'Eglise universelle, franchit le col du Mont-Cenis, où il fut administré. Malade d'une strangurie, ayant besoin de repos, de soins incessants et délicats, il fut forcé, par ses sbires, de faire en poste, sur des routes mal pavées, en plein été, le voyage du Mont-Cenis à Fontainebleau, — 160 lieues — et cela en moins de six jours, couché dans sa berline, sur des coussins, enveloppé de draps et recouvert d'un couvre-pied duveteux, donné par les religieux du Mont-Cenis.

Et dans quelles conditions ! Nous le laissons dire au docteur Claraz, qu'au Mont-Cenis Lagorse avait requis, pour aider le docteur Porta, le médecin ordinaire du Pape, à soigner le Saint-Père (1) :

« Dans tout ce voyage, l'on ne s'arrêtait ordinairement qu'à 9 ou 10 heures du matin ; et, dans la première maison qui se présentait sur la route, l'on y faisait du chocolat pour le Saint-Père, puis, jusqu'à 11 heures du soir, il fallait se condamner au jeûne. On mettait une petite bougie dans la voiture du Saint-Père ; on lui donnait un œuf et un bouillon, quand il s'en trouvait. Toutes les portes des maisons où l'on s'arrêtait étaient fermées soigneusement ; il y avait peu de monde pour servir ; tout se faisait, pour ainsi dire, dans l'obscurité des ténèbres, et sans bruit ; nous ne mangions un morceau qu'à la hâte, et il fallait continuer notre marche.

« Le passage de Lyon fut douloureux : le pavé, qui était inégal, joint à la rapidité avec laquelle l'on faisait aller les chevaux, occasionna un affreux cahotage..... » Au prochain relais, « Sa Sainteté demanda si ce chemin était fini... Quand on lui eut répondu affirmativement, il se contenta de dire : « Que « Dieu *lui* pardonne, car pour moi je lui ai déjà pardonné. »

« Le commissaire de police de Lyon avait eu l'attention d'envoyer un petit panier de provisions ; il s'y trouva, entre autres choses, des pommes et des oranges. Je mis dans la voiture quelques pommes, que le Saint-Père suçait avec la pelure, faute de couteau.

« Je restai dans la voiture du Saint-Père jusqu'à *Montargis*, à quatorze lieues de Fontainebleau ; et là, M. Porta y remonta et prit la place ».

Le nouveau passage de Pie VII à Montargis eut lieu de si bonne heure, dans la journée du 20 juin 1812, et s'accomplit avec tant de célérité dans la marche et de discrétion dans le monde officiel, que ses habitants n'en ont conservé nul souvenir.

D'après une tradition de famille, la berline pontificale fut remisée, comme en 1804, dans la maison de M. de Vaublanc ; mais le Pape ne put en sortir ; par un barbare excès de précaution, la portière était cadenassée.

Enfin, parti de bon matin de Montargis, Pie VII arrivait à

(1) *Lettre du chirurgien Claraz* au secrétaire de la maison du Pape, de Jermignon (Savoie) le 15 septembre 1814. (D'HAUSSONVILLE, *op. cit.*, t. V°, p. 566.)

Fontainebleau, harassé, le dimanche 20 juin, à 9 heures du matin (1). Le concierge du château, qui n'avait reçu aucun ordre, refusa de l'y introduire : il consentit, tout au plus, à offrir à Sa Sainteté un lit dans une des chambres de son logis.

Cependant, presque jour pour jour, Napoléon franchissait le Niémen (24 juin), et commençait cette désastreuse campagne de Russie, qui aboutissait pour l'Empereur à l'abdication de Fontainebleau et pour le Pape à son retour à Rome. Justice arrivait enfin avec le châtiment et la réparation.

Orléans à Fontainebleau (1812-1813). — Quand on sut à Orléans que le Pape n'était, dans le palais de Fontainebleau, qu'un prisonnier, on maudit l'Empereur ; et, par contre, afin de témoigner à Pie VII ses plus respectueuses sympathies et d'adoucir les rigueurs de sa captivité, de tous les points du diocèse, on entreprit le pèlerinage de Fontainebleau. Dès 1812, et surtout en 1813 après la signature du Concordat de Fontainebleau, ce fut entre cette ville, Malesherbes, Pithiviers et Orléans, un va-et-vient de pataches et de berlines.

M. Hector de la Taille et Madame, née Dumont, de Pithiviers, furent, un soir, reçus en audience par le Saint-Père : ils baisèrent ses mules et reçurent, avec sa bénédiction, des chapelets bénits. M. de Denainvilliers et son précepteur, M. l'abbé Huet, mort curé de la cathédrale d'Orléans, allèrent également à Fontainebleau, voir le Pape. Le jeune étudiant avait eu l'honneur de servir la messe à Sa Sainteté.

D'Orléans un groupe de jeunes filles fort pieuses se rendirent à Fontainebleau : c'étaient Mlles Barrault, deux sœurs qui se firent Augustines à l'Hôtel-Dieu d'Orléans (2), Mlle Gaugain, Mme Gaïetti, femme d'un maître-plâtrier (3). Elles eurent le bonheur d'assister à la messe de Sa Sainteté, d'y communier, et elles rapportèrent des chapelets bénits par le Saint-Père. La famille de Romand est encore fière de se rappeler que plusieurs de ses membres furent admis à présenter leurs hommages à la victime de Napoléon.

Comme le Saint-Père, depuis Savone, avait refusé toute pension d'un gouvernement qui le persécutait, la charité des fidèles s'ingéniait à faire entre eux des collectes, pour lui en offrir le montant : c'était déjà, sans le nom, le « denier de saint Pierre ».

Les Orléanais, comme on le pense bien, ne furent pas les derniers à se cotiser, pour venir en aide au Père commun des fidèles, qui vivait d'aumônes, comme celui dont il tenait la place. Des dames se mirent à la tête de la souscription. « L'une d'elles, une des plus jeunes, fut déléguée à Fontainebleau ; elle avait la délicate mission de s'assurer si le Pape accepterait les dons que lui proposait la charité. Elle s'adressa, à cet effet, à Mgr Bertazzoli, archevêque d'Edesse, qui, en qualité d'aumô-

---

(1) Claraz dit « le vendredi 19 juin, sur environ midi » ; mais il se trompe.

(2) L'une d'elles, morte très âgée, fut Mère Pataud.

(3) Les familles Dupuis, Lointier et Wilmart s'honorent de l'avoir eu pour parente.

nier, accompagnait le Saint-Père : la réponse fut conforme aux pieux désirs qui l'avaient provoquée. Chargée de cette réponse favorable, la charitable messagère se hâta de la rapporter à celles qui l'avaient envoyée. Une collecte aussitôt fut faite, discrètement — car la police veillait — On comprend si elle fut abondante. » On réunit, dit-on, 50,000 francs, et, la veille de Noël de l'an 1812, pensons-nous, un fort groupe de pèlerins et de pèlerines partait pour Fontainebleau et offrait au Saint-Père le tribut de leurs hommages et de leur charité (1).

Nous avons cherché vainement à connaître leurs noms. Celui qui nous a conservé le souvenir de ce fait, M. l'abbé Gabriel Leroy, qui les savait, a été trop discret, puisqu'il s'est contenté d'écrire en 1865 (2) : « Quelqu'un sera peut-être tenté de demander quelles sont ces dames, ces familles chrétiennes, dont la charité a été si compatissante au cœur du vénérable exilé. Pour ne commettre qu'une demi-indiscrétion, nous répondrons que les noms de ces pieuses familles comptent parmi les noms les plus respectés des paroisses de Sainte-Croix, de Saint-Paterne et de Notre-Dame de Recouvrance. L'intelligente et active messagère de Fontainebleau existe encore aujourd'hui (1865) ». Il est inadmissible que les représentants actuels de ces familles ignorent un fait qui fait tant d'honneur à la piété et à la générosité de leurs ancêtres. Aussi, espérons qu'en lisant cette page ils nous révèleront ce qu'un sentiment de réserve exagéré a, jusqu'à ce jour, maintenu dans l'ombre.

Au retour de ces pèlerinages, on racontait ce qu'on avait vu et ce qu'on avait appris des tristes conditions dans lesquelles vivait le Souverain-Pontife, torturé physiquement, surtout moralement, dans le but de lui arracher les plus humiliantes concessions.

D'au-delà des frontières, arrivaient déjà, grossis par l'inconnu, les bruits les plus sinistres sur le sort de la grande armée, poursuivant un adversaire, qui mettait toute sa tactique à se dérober. Tout cela entretenait un malaise, qui se traduisait par des malédictions contre l'auteur de tous ces malheurs. Une police ombrageuse et inquisitoriale avait beau étouffer ces rumeurs : elles se faisaient jour, parfois, parce qu'elles répondaient au sentiment des masses.

Un dimanche, à Saint-Pierre-Ensentelée, montait en chaire un prêtre étranger : il commença par déplorer la situation pénible faite au Pape ; raconta qu'en retirant aux cardinaux fidèles leurs soutanes rouges on en avait fait des cardinaux noirs ; puis, avec un accent prophétique, il annonçait que la grande armée mourrait en Russie et que l'Empereur « mangerait le dernier homme de la France ». L'assistance était stupéfaite de tant d'audace : les prêtres, assis au banc d'œuvre, se regardaient terrifiés. Mais deux assistants, MM. P... et P..., coururent à la préfecture pour dénoncer au baron Pieyre l'incident. La messe n'était pas finie que les gendarmes se pré-

(1) PILARD, p. 39.
(2) *Annales religieuses d'Orléans*, III vol., p. 551.

sentaient à la sacristie ; mais ils n'y trouvaient que le surplis de l'orateur, qui s'était promptement esquivé. A l'issue de l'office, le commissaire de police se rendit au presbytère, pour savoir le nom et la résidence de l'audacieux parleur. Le curé se refusa à le faire connaitre ; M. Raillon, l'évêque nommé d'Orléans, qui, depuis le 4 octobre 1810, attendait en vain l'institution canonique, lui enjoignit, à son tour, de donner ces renseignements. Le curé s'en tint à son premier refus (1).

Hélas ! l'imprudent prêtre voyageur ne s'était pas trompé. Bientôt, malgré une presse muette par ordre, l'on apprit coup sur coup le retour de Napoléon à Paris, l'incendie de Moscou, et la désastreuse retraite de la grande armée, où se trouvaient bon nombre d'enfants d'Orléans. Tout d'abord, on soupçonna la mort de la plupart d'entre eux. Mais ce ne fut qu'au commencement de l'année 1813 qu'on apprenait les noms de ceux qui avaient succombé. Un service général de *Requiem* fut demandé au curé de Saint-Aignan ; mais le préfet, au nom du gouvernement, y mit un *veto* formel (février 1813) (2).

Pour combler les vides de la grande armée, que, comme des loups, suivaient les alliés, on fit levée sur levée d'hommes ; ce qui confirmait ce qu'on n'osait pas encore officiellement avouer. L'Empereur entreprenait une nouvelle campagne pour défendre, cette fois, nos frontières menacées par l'Europe coalisée. C'est sous les plus sombres aspects que s'achevait l'année 1813. « Des bruits sinistres, écrit un chroniqueur contemporain, circulaient dans Orléans, accréditant les désastres de nos armées en Espagne et en Italie, et en faisaient présager d'autres », devant l'invasion, inconnue parmi nous depuis l'Anglais, qui se dressait, dans l'imagination populaire, prompte et menaçante, avec toutes ses horreurs et ses humiliations.

La politique aussi paralysait les forces vives de la nation. Les royalistes relevaient la tête ; les Jacobins tenaient des conciliabules ; le clergé se reprenait à espérer un changement de régime, qui rendrait la liberté au Pape ; le peuple, qui manquait de pain et de travail, traitait tout haut l'Empereur de « mangeur d'enfants » et de « bourreau de la jeunesse ». Des pamphlets royalistes attaquaient Napoléon ; des exemplaires de l'excommunication lancée en 1809 contre l'Empereur étaient répandus à profusion. « Les fonctionnaires se montraient inquiets : tout faisait pressentir que nous touchions à la crise » (3).

En effet, l'Empereur n'était rentré en France que pour réunir hâtivement ses dernières levées, afin de disputer pied à pied le sol de la France. Le 1er janvier 1814, les alliés franchissaient la frontière. Quand, vers la mi-janvier, on l'apprit à Orléans, il y eut une véritable panique, que la rumeur des

(1) PILARD, p. 40.
(2) PILARD, p. 43, 44, 45.
Le soir, devant l'église fermée, à la lueur des chandelles dont étaient garnies les fenêtres du cloître Saint-Aignan, la foule, pour protester, récita à genoux le *De profundis*, p. 48 et suiv.
(3) PATAUD, *Hist. chronol. d'Orléans*, 23 décembre 1813.

dévastations encore lointaines ne faisait qu'augmenter. On n'y parlait plus que de cosaques, dont le seul nom personnifiait tout soldat coalisé. Les femmes du ravelin Saint-Laurent traitaient couramment de ce nom terrifiant, pour les gronder, leurs petits enfants (1) ; ou s'en servaient d'épouvantail comme d'autres Croquemitaines.

Plus tard, sous la Restauration, notre imagier populaire, Rabier Boulard, fixait, sur un bois, cette impression. « Il fit paraître une planche représentant les cosaques de l'armée russe, dont un soldat porte un drapeau avec ces mots : « Cosaque, armée russe»; devant, un obusier et un canon : l'un des cosaques tient la lame de son sabre ; on voit un panier contenant *deux enfants*, et un drapeau, où se lit : « J'emporte les méchants ! (2) ».

Le 11 janvier, il se forma dans plusieurs grandes villes, une association politico-religieuse, dite des *Pénitents de Ninive*. Elle comprenait quarante confrères, qui, pendant quarante jours, devaient faire des prières, des jeûnes expiatoires, des communions pour conjurer tout ce qu'on craignait (3). « Le Souverain Pontife, disait-on, avait approuvé cette association, et accordait, trois fois par jour, sa bénédiction aux associés de la quarantaine (4). »

A Orléans, la confrérie avait choisi pour siège de ses exercices l'église de Saint-Aignan. Ses membres s'y rendaient chaque jour et là, la tête couverte d'un voile de deuil, priaient, les bras en croix, en l'honneur de la Passion de Notre-Seigneur, et se traînaient sur les genoux jusqu'au milieu du chœur, où ils récitaient cinq *Pater*, cinq *Ave* et trois fois le *Parce Domine*, suivi d'une prière à la Sainte-Trinité et au Sacré-Cœur, et de la récitation de l'hymne et de l'oraison de saint Aignan. Après chaque station, chaque associé faisait encore une aumône pour l'église de Saint-Aignan.

Cette association ne dura pas au-delà du Carnaval : en ce jour, elle fut ridiculisée par des polissons, travestis en pénitents avec des sacs à charbon, récitant des prières burlesques et traitant de « frères » ceux que, sur leur chemin, ils soupçonnaient faire partie des pénitents (5).

La désaffection du régime impérial gagnait insensiblement les classes inférieures de la société; la peur de l'invasion gagnait de proche en proche. En bas et en haut, on se communiquait des factums virulents, épigrammes et chansons, contre Napoléon (6). Instruit par sa police de ces troubles intérieurs,

(1) Pilard, p. 44.
(2) Desnoyers, *L'imagerie populaire d Orléans*, p. 30.
(3) Le cardinal Pacca, dans ses *Mémoires* (II vol., p. 131), parle d'une association de pieuses dames, qui s'était formée à Paris ; elles se proposaient de faire une neuvaine pour la fête de saint Pierre *in vinculis*, afin de demander au ciel la délivrance du chef de l'Eglise. Le Pape avait accordé verbalement une indulgence aux personnes qui feraient cette neuvaine.
(4) Pataud, *Histoire chronol. l'Orléans*, 14 janvier.
(5) Pilard, p. 51.
(6) Pataud, 15 janvier 1814.

celui-ci prit ses dispositions pour n'avoir d'autre préoccupation que la résistance aux envahisseurs.

Comme par une pointe hardie, des coureurs ennemis, dont l'armée occupait la Champagne, pouvaient se présenter inopinément à Fontainebleau et délivrer le Saint-Père, « ne sachant qu'en faire, écrit Thiers (1), et ne voulant pas encore le rendre, de peur de compliquer les affaires de l'Italie », Napoléon crut prudent d'éloigner de Paris, objectif des alliés, son prisonnier.

De Paris il écrivait, le 21 janvier, au duc de Rovigo, Savary, l'homme des hautes œuvres napoléoniennes (2) : « Faites partir, cette nuit et avant cinq heures du matin, le Pape, pour se rendre à *Savone*. Une autre voiture transportera les domestiques, en ayant soin de la tenir à une distance suffisante pour que le voyage soit déguisé. Les voitures passeront le Rhône au Pont-Saint-Esprit, et se dirigeront sur Savone par Nice, sous prétexte d'éviter les montagnes. L'adjudant du palais *dira qu'il le mène à Rome*, où il a ordre de le faire arriver comme une bombe. *Arrivé à Savone*, le Pape y sera traité comme précédemment. »

L'adjudant du palais n'était qu'un geôlier : c'était Lagorse, ex-Bernardin, qui était devenu colonel de gendarmerie. Mandé à Paris, dès que Savary lui eut notifié l'ordre de l'Empereur, celui-ci revint à Fontainebleau pour prendre les mesures propres au départ ; et, le 22, dans la soirée, il annonçait aux cardinaux qu'il avait reçu des instructions pour conduire le Pape à *Rome*. Ceux-ci ne furent pas dupes : ils crurent au départ, mais non au point d'arrivée, car ils ne se flattaient pas qu'on voulut réellement reconduire le Pape dans sa capitale, où l'Empereur ne commandait plus, occupée qu'elle était, au nom des alliés, par les troupes napolitaines. Aussitôt le cardinal Pacca se rendait auprès du Pape pour lui annoncer la grande nouvelle, que Lagorse, peu après, confirmait, en fixant le départ pour le lendemain matin.

En effet, le 23 janvier, Pie VII, après avoir entendu la messe, reçut dans sa chambre à coucher tous les cardinaux ; prit un léger déjeuner, « se rendit à la tribune de la chapelle du palais, où il fit une courte prière, et bénit le peuple ; puis, il descendit dans la cour, monta dans la voiture de voyage avec Mgr Bertazzoli, son aumônier, et partit en donnant aux cardinaux en larmes une dernière bénédiction. » Dans une autre voiture, qui devait suivre, se trouvaient le colonel Lagorse, le docteur Porta, médecin, et deux camériers de Sa Sainteté. Et l'équipage pontifical filait sur Pithiviers, où devait avoir lieu la première étape.

Pie VII à Pithiviers (*23 et 24 janvier 1814*). — Après avoir traversé la Chapelle-la-Reine, le convoi franchissait les limites qui séparent le département de Seine-et-Marne de celui du Loiret, et atteignait la petite ville de Malesherbes, où il ne devait que relayer.

(1) THIERS, *Histoire de l'Empire*, T. XVII, p. 268.
(2) PACCA, T. Ier, p. 175.

Ce fut à l'hôtel de l'Écu, tenu par M. Dessionne, qui était en
même temps maître de poste, que la berline s'arrêta. Toute
la population était sur la place du Martroi, son curé en tête,
M. l'abbé Piton (1). Quand le Pape apparut à la portière de la
voiture, la foule s'agenouilla, et reçut, le front découvert, la
bénédiction du Souverain-Pontife (2). Les chevaux renouvelés,
le convoi quittait Malesherbes (3), pour gagner Pithiviers, où
le Pape devait passer la nuit.

Pithiviers devait faire à Sa Sainteté une réception plus so-
lennelle et plus populaire que ne l'aurait voulu le colonel
Lagorse. C'était inévitable : Pape, et Pape malheureux, Pie VII
devait rencontrer une sympathie compatissante dans une population religieuse et malheureuse elle-même du fait de l'Empereur, à qui l'on attribuait, non sans raison, les malheurs,
qui, alors, menaçaient non seulement la France, mais la contrée
même, et cela à brève échéance.

Ici, nous cédons la plume à Mgr Chabot, curé doyen de Pithiviers : c'est lui qui, dans les annales de la ville, ou les récits des
vieillards, témoins oculaires du passage du Souverain-Pontife,
en a recueilli tous les détails, et, avec eux, a rédigé le récit
suivant :

« Nous avons d'abord sous les yeux le procès-verbal de l'entrevue du curé de Pithiviers, M. l'abbé Proust, avec le Saint-
Père (4) :

« Le Pape est arrivé le 23 janvier 1814 : il fit son entrée en
ville vers cinq heures du soir et fut reçu à l'hôtel de l'Écu par
le sieur Davoust. Sa Sainteté était accompagnée de son aumônier, Mgr l'archevêque d'Édesse, du colonel français Lagorse,
de ses deux médecins et de plusieurs domestiques, tous ita-
liens.

« Le lendemain vers sept heures, M. l'abbé Proust, curé de
Pithiviers et doyen rural de l'arrondissement, M. l'abbé Valle-
rand, vicaire, M. Mercier, dernier survivant des chanoines de
la collégiale de Saint-Georges, M. Hector de la Taille, conseiller
d'arrondissement, et M. d'Aussy des Coutures (5), maire, furent
reçus par le Souverain-Pontife.

(1) M. l'abbé Piton était né en 1753 dans le diocèse de Rennes. Après
avoir été curé de Sermaises de 1804 à 1808, il devenait curé de Malesherbes, où il mourut en 1830.

(2) *Note de M. l'abbé Gerbault*, curé doyen de Malesherbes, d'après
une tradition qu'il a bien voulu recueillir pour nous.

(3) Quatre jours après, le 27 janvier, les cardinaux de la Sommaglia
et Pacca, de la suite du Pape, s'arrêtèrent à Malesherbes. Ce dernier,
dans ses *mémoires*, en prend occasion pour juger sévèrement M. de Lamoignon de Malesherbes, qui prépara la révolution française ; mais qui
effaça ses fautes, en défendant Louis XVI et en mourant, victime de la
fureur philosophique.

(4) *Registres paroissiaux* : année 1814. Ce procès-verbal a été écrit et
signé par le digne curé.

(5) C'était, comme particuliers, que MM. de la Taille et d'Aussy,
se présentèrent au Souverain Pontife. Par ordre, le monde officiel devait
s'abstenir de toute manifestation. Aussi M. Lebrun, alors sous-préfet

« M. l'abbé Proust, qui avait passé les anné*~ de la Révol..-
tion en Italie, demanda la bénédiction du Sa'nt-Père pour la
ville, puis il présenta, en italien et de vive voix, une requête
au Souverain-Pontife, pour lui demander de *privilégier* un autel de l'église paroissiale Saint-Salomon-Saint-Grégoire. Le
Pape accorda ce privilège pour sept ans, en recommandant de
la renouveler. »

Il reçut également un modeste, mais précieux souvenir du
Pape : une clochette, qui, après avoir passé en bien des mains,
a échoué dans celles de M. l'abbé Despierres, archiprêtre de la
cathédrale d'Orléans (1).

« Dans les premières années de notre ministère à Pithiviers,
continue Mgr Chabot, nous avons connu un bon vieillard,
M. Brinon : nous nous faisions un plaisir de lui conduire nos
hôtes. Il habitait une modeste maison du faubourg du Crois-
sant. Comme il était heureux, quand nous lui disions : « Eh
bien, père Brinon, est-ce bien vrai que vous avez vu le Pape ? »
Aussitôt son visage devenait radieux, un gracieux sourire
effleurait ses lèvres, et, sans se faire prier, il commençait :

« J'étais alors domestique à l'hôtel de l'Ecu : on avait préparé la plus belle chambre pour recevoir le Pape. Quand il arriva (c'était un dimanche soir), tous les habitants étaient sur
la place du Martroi : tout le monde faisait silence. Il descendit
de son carrosse soutenu par un de ses domestiques : il avait
l'air épuisé ; il alla de suite se reposer. Le lendemain, il reçut
les notables de la ville.

« Il y avait alors un grand nombre de soldats qui étaient de
passage à Pithiviers et qui campaient autour de la ville. Ils se
mutinèrent (*sic*), et ne voulurent point partir, *avant d'avoir vu le
Pape*. Ils envahirent la place du Martroi, se mêlant à la po['la-
tion et fraternisant avec elle. Le Pape consentit à se montrer
au balcon de l'hôtel. Il donna *trois bénédictions*, une à l'église,
une à la troupe et une au peuple (*sic*). Toute la foule, habitants et soldats, s'agenouilla dans le plus grand silence. Des
prisonniers espagnols, internés à Pithiviers, se firent remarquer,
en criant en leur langue : « Vive le Pape, vive le Pape ! » Ici,
le bon vieillard s'animait et répétait ces mots dans un espa-
gnol plus ou moins correct, ce qui n'était pas sans faire sourire
ses visiteurs.

« On a conservé pendant longtemps avec un religieux respect
la chambre, dans laquelle le Souverain-Pontife a passé la nuit
du 23 au 24 janvier (2). Mais « l'hôtel de l'Ecu » a disparu par
suite du percement de la rue Poisson, qui fait communiquer
le mail ouest avec la place du Martroi.

« Le vénérable abbé Sutin, mort à Saint-Sulpice, nous a sou-

de Pithiviers, s* garda bien de paraître au nom d'un gouvernement
persécuteur du Pape.

(1) M. l'archiprêtre la déposera dans le trésor de la cathédrale.

(2) Une trad-tion, qui a cours à Malesherbes, prétend que cette
chambre fut ornée de magnifiques tapisseries provenant du château de
Malesherbes. On n'en rendit qu'une partie : celles-ci font encore l'admi-
ration des visiteurs du château des Lamoignon. (Note de M. le Doyen
Gerbault).

vent parlé de Pie VII. Il était alors tout jeune et porté sur les bras de sa mère. Quand il n'était pas sage, celle-ci n'avait qu'à lui dire : « Comment, toi qui as été béni par le Pape! » Et tout rentrait dans l'ordre.

« Le Souverain-Pontife avait laissé son portrait comme souvenir à la famille, qui lui avait donné l'hospitalité. C'est une belle gravure parfaitement conservée. Le Pape est représenté avec l'étole et le camail bordé d'hermine. Cette gravure a été offerte gracieusement à l'église par la famille Forteau, et elle occupe une place d'honneur dans notre sacristie.

« Le Maître autel a été, depuis, *privilégié à perpétuité*, et une plaque commémorative de cette faveur se voit dans notre église ; elle porte ces mots :

AUTEL PRIVILÉGIÉ
A PERPÉTUITÉ
PAR BREF DE S. S. LÉON XIII
EN SOUVENIR DU PASSAGE
DE S. S. PIE VII
A PITHIVIERS
LE 23 JANVIER 1814

« Le Pape partit vers neuf heures, ajoutait le père Brinon ; le cardinal, qui l'accompagnait monta avec lui dans son carrosse. Au moment où je fermai la portière de la voiture, le cardinal me dit : « Mon ami, tu seras un bon chrétien. » Je n'ai jamais oublié cette parole, et je n'y ai jamais manqué. »

« Le Souverain-Pontife se dirigea sur Orléans. Quand il arriva en face de l'avenue du château de Denainvilliers, il vit tous les habitants du château et du hameau agenouillés au bord de la route. Le Pape fit arrêter ses voitures, et donna sa bénédiction. M. de Denainvilliers était un pèlerin de Fontainebleau. »

Pie VII à Orléans (*24 janvier 1814*). — Orléans, après Pithiviers, était la station désignée, et même forcée, à cause de son pont sur la Loire. Mais, comme le colonel Lagorse devait « éviter adroitement de faire passer la nuit au Pape dans les endroits populeux, afin d'empêcher les rassemblements, qui se formaient, autour de son logis, à la première nouvelle de la venue du Pape (1) », cette ville épiscopale ne fut qu'un lieu de relais. Pie VII n'y devait y prendre ni repas, ni coucher : l'étape ne devait être qu'au-delà de la Loire, dans le petit bourg solognot de la Motte-Beuvron.

Malgré le secret, imposé par ces mesures policières, le bruit du passage du Pape, dans la matinée du 24 janvier, avait transpiré dans certains milieux orléanais, et y avait provoqué une pieuse émotion.

Orléans n'avait pas d'évêque, mais un administrateur soi-disant capitulaire dans M. Raillon, évêque nommé (2), mais

(1) Card. PACCA. — *Mémoires*, t. II, p. 186.
(2) M. Raillon, chanoine titulaire de Paris, était lié d'amitié avec

non préconisé. Dès qu'il eut été informé de l'arrivée de Pie VII,
— il le sut une heure auparavant, — il manda le secrétaire
de l'évêché, M. Constans et, par lui, les grands vicaires,
MM. Mérault, Demadières et Métivier. « J'ai envoyé, leur dit-il,
un exprès dans le faubourg Bourgogne et je l'attends : nous
irons ensemble à la rencontre de Sa Sainteté ». Il avait à peine
prononcé ces paroles qu'un peloton de gendarmerie se présentait à l'évêché. L'officier, introduit, dans la salle du Conseil,
dit à M. Raillon : « J'ai ordre de vous empêcher de sortir (1) ! »
Si despotique que parut cet ordre, il rendait service à celui à
qui il était intimé. M. Raillon, induement administrateur apostolique, ne pouvait décemment se présenter devant le Souverain-Pontife, qui, depuis 1807, avait refusé l'institution canonique à tous les évêques nommés par l'Empereur ; et qui, depuis son internement, ne manquait pas une occasion de leur
montrer son déplaisir, quand ils osaient se présenter à
lui (2).

A Orléans donc, ce n'était qu'aux vicaires capitulaires, MM. de
Gamanson et Mérault qu'il convenait de représenter, auprès du
Pape, l'église d'Orléans ; mais ceux-ci n'étaient pas des abbés
d'Astros, et ils n'osèrent se séparer de M. Raillon. L'un d'eux,
toutefois, M. Mérault, prit sur lui d'envoyer un de ses sémina-
ristes, clerc tonsuré, Louis Blessebois (3), du côté du faubourg
Bourgogne. pour savoir si le Pape avait passé, et si quelques
prêtres avaient eu l'honneur de lui parler. Le jeune abbé rencontrait bientôt, rue du Bourdon-Blanc, l'abbé Romain Gallard,
et recueillit de sa bouche les détails de cette entrevue, qu'il se
hâta de transmettre à son supérieur (4). Nous n'avons ni son
récit, ni celui de M. Gallard ; il faut le regretter : le nôtre eût
été plus complet et plus exact.

Dans l'après-midi (5) du 24 janvier, le Pape, « courant la
poste à 22 chevaux », était arrivé au relais de la porte Bourgogne, sis alors dans la maison Mathieu Plisson (6). Une foule
d'ecclésiastiques, jeunes pour la plupart, et de pieux fidèles s'y
trouvaient. Parmi les ecclésiastiques, nous ne pouvons nommer
que le chanoine Clavelot et l'abbé Romain Gallard, alors vicaire
de Saint-Aignan et plus tard évêque de Meaux. Dans le court

M. Portalis. C'est sans doute à ces affectueuses relations qu'il dut d'être,
en 1810, désigné pour l'évêché d'Orléans.

(1) *Biographie du clergé contemporain*, t. VI°.

(2) Nous pouvons nommer M. Licot de Beaumont, évêque de Plai-
sance, archevêque nommé de Bourges, et M. Jaubert, prêtre, évêque
nommé de Saint-Flou (*Précis historique du voyage de Pie VII*, p. 26
et 27.)

(3) Louis Salvert Blessebois, après avoir été vicaire de Montargis
(1815) : curé de Gidy, de Ligny. doyen d'Artenay (1828), chanoine titulaire (18 5), mourut en 1869 (*Annales relig.*, 1870, p. 140).

(4) *Biographie du clergé contemporain*, t. VI°.

(5) PATAUD, dans sa chronologie écrit : « Le 21 janvier, au matin »,
Il se trompe : le Pape, parti de Pithiviers à 9 h. du matin, ne pouvait
être à Orléans, avant midi.

(6) C'est aujourd'hui la maison du noviciat des sœurs de Saint-
Aignan.

entretien qu'ils eurent avec les cardinaux de la suite de
Pie VII, il fut question, paraît-il, de la situation anormale de
M. Raillon (1).

Parmi les fidèles qui virent le Pape, lors de son passage, on
cite M. Colas de Brouville, Mme des Ormeaux, qui offrit à
Sa Sainteté un verre d'eau.

A l'arrivée du Souverain-Pontife, tous s'agenouillèrent.
L'abbé Gallard s'était approché de la voiture ; et après avoir
reçu, à genoux, la bénédiction, il en sollicita une autre pour les
assistants et pour la ville. Le Saint-Père, qui ne savait pas où il
était, lui demanda le nom de la ville qu'il allait traverser.
« Orléans », lui fut-il répondu. Il leva les yeux au ciel, et s'é-
cria : « Oh ! la bonne ville d'Orléans, je la bénis de tout mon
cœur ! » Il recommanda ensuite à l'abbé Gallard de faire savoir
à Fontainebleau qu'il avait passé par Orléans.

Les chevaux attelés, l'équipage gagnait la porte Bourgogne,
encore fortifiée et gardée par un poste militaire. Mais, au moment de la franchir, « M. Hème, remarquant que le faction-
naire ne présentait pas les armes, lui en demanda sèchement
la raison : ce à quoi le soldat répondit en appelant *aux armes !*
Tout le poste sortit, non pour rendre les honneurs au Pape,
mais bien pour arrêter l'imprudent questionneur, qui ne tarda
pas à être relaxé » (2).

L'équipage pontifical s'engagea dans la rue Bourgogne, qu'il
quitta au Puits des forges, pour suivre les rues moins popu-
leuses de l'Etelon, de Saint-Euverte, de l'Evêché. Avant d'atteindre la place de l'Etape (3), le Saint-Père salua sans doute,
sur sa gauche, la Cathédrale de Sainte-Croix ; et, après avoir
franchi la rue d'Escures, il put apercevoir, sans savoir cependant ce qu'elle représentait, la nouvelle statue de la Pucelle
d'Orléans, par Gois. « Vous auriez besoin maintenant d'une
femme d'un pareil courage pour « bouter » les alliés hors de
votre territoire ! » disait quatre jours après, au même endroit,
le cardinal Pacca à l'officier de gendarmerie qui l'accompagnait. Celui-ci lui répondit froidement : « C'est vrai ! » (4).

Enfin, on arrivait à la place du Martroi, où la foule était
grande. La voiture s'arrêta un instant et, par la portière entrou-
verte, le Souverain-Pontife donna une seconde bénédiction.
Elle fut reçue par les assistants debout, mais découverts,
sauf le commandant de la compagnie des Buttes, Cunietti, un
Corse et un franc-maçon. Ce grognard mal élevé se tenait à la

<hr>

(1) C'est PATAUD, qui nous le laisse entendre, sans y croire beaucoup ;
mais son opinion est suspecte ; ancien curé constitutionnel il croyait à
la validité des pouvoirs de l'évêque nommé. Il écrit : « Une foule de
jeunes ecclésiastiques se vante d'avoir parlé au Pape ; d'autres faisaient parler dans leur sens les cardinaux de sa suite. Les attaques se
dirigèrent indirectement contre M. Raillon. »

(2) PILARD, d'après le ms. Persin, « *Ce que raconte grand-père,*
p. 53.

(3) PATAUD écrit, dans sa chronologie, que le pape donna sa seconde
bénédiction sur la place de l'Etape ; d'autres chroniqueurs contempo-
rains désignent la place du Martroi.

(4) *Mémoires du cardinal* PACCA, 2 vol., p. 185.

fenêtre ouverte de son lu.is, au-dessus du corps de garde, son bonnet de police sur la tête et la pipe à la bouche (1).

L'équipage, s'étant remis en marche, traversa la rue Royale; dans ce trajet, un notable s'approcha rapidement de la berline et y jeta un plein sac de vieux écus. Touché de tant de générosité et de l'accueil qu'il avait reçu des Orléanais, au grand déplaisir de la police, Pie VII, à l'entrée du pont, fit arrêter sa voiture, qui n'allait qu'au pas, et donna une troisième bénédiction aux personnes qui s'y étaient rendues : un chroniqueur remarqua que plusieurs d'entre elles restèrent couvertes et debout (2).

Comme on le voit, le monde officiel, civil et ecclésiastique, s'était abstenu, par consigne, d'offrir ses hommages au Souverain-Pontife. N'était la dévotion, qui avait attiré sur son passage les plus respectueuses sympathies, le passage de Pie VII à travers Orléans aurait été inaperçu. Les journaux de la localité n'osèrent, par ordre ou par crainte, en faire le récit. Aussi, quand le compilateur Lottin voulut consigner ses souvenirs, il fixa ce passage le 30 janvier, alors qu'il avait eu lieu six jours auparavant.

Le 28 janvier, M. Raillon, administrateur du diocèse, pour « se conformer aux religieuses intentions de Sa Majesté l'Empereur et roi, et après en avoir délibéré avec les personnes vénérables qui composent son conseil », ordonnait que, le dimanche 30 janvier, des prières publiques auraient lieu dans les paroisses pour demander à Dieu de bénir les armées de Napoléon. Dans la lettre, qui précède ce mandement, et qui fut écrite quatre jours après le passage de Pie VII, nous avons vainement cherché une allusion à ce fait, qui intéressait prêtres et fidèles... L'invasion approchait : le cosaque, à la fin de janvier, était devant Montargis; le 12 février, il était devant Orléans.

L'émotion, produite par le trop rapide passage de Pie VII, à travers notre cité, — il avait duré à peine une demi-heure, — se prolongea quelque temps encore. Ceux qui avaient eu l'heur et l'honneur de rencontrer le Pape, de le voir et de recevoir sa bénédiction, ne manquaient aucune occasion d'en refaire le récit et de s'apitoyer sur le sort du Souverain Pontife, traité, sinon en prisonnier, du moins en suspect. De plus, dans les jours suivants, passèrent, l'un après l'autre, sous l'œil de la gendarmerie, plusieurs cardinaux de la suite du Saint-Père : ils étaient dirigés vers le Midi pour y être internés. Ainsi, le 28 janvier, au soir, c'était le cardinal Pacca, venant de Pithiviers : il coucha dans une auberge, voisine du Martroi (3), et repartit, le 29, pour Lamotte-Beuvron; le 1er février, dans la soirée, arrivait le cardinal Gabrielli; le 2, au matin, escorté par un gendarme, cette Eminence se rendit à Saint-Paterne, « où elle dit la sainte Messe, en présence de témoins choisis, qui depuis, selon les uns, ont répété ses opinions, et, selon les autres, lui

(1) PILARD, op. cit. p. 53.
(2) LOTTIN.
(3) Mémoires, 2e vol., p. 185.

ont prêté les leurs sur l'évêque nommé d'Orléans (1). » A l'abbé Pataud, suspectant la sincérité de ses confrères intéressés, on peut opposer leur dire : « Tous les cardinaux, qui ont passé par Orléans, se sont accordés à décider que les pouvoirs de M. Raillon étaient invalides (2) ».

Comme on en peut juger, la partie du clergé d'Orléanais, qui avait des doutes sur la validité des pouvoirs, que s'était arrogés « l'administrateur capitulaire » du diocèse, avait profité de ses courts entretiens avec Sa Sainteté et les membres du Sacré-Collège, pour les dissiper. La question en valait la peine (3).

Depuis longtemps, le Pape, après avoir gag. ', par le pont, la rive gauche de la Loire, avait franchi les limites, au sud, du premier diocèse concordataire d'Orléans, pendant que les alliés, au nord, s'en rapprochaient, menaçant Montargis et même Orléans.

Pie VII à la Ferté Saint-Aubin. — (*24 janvier 1814*). — D'Orléans le convoi pontifical, après avoir traversé le bourg d'Olivet, atteignait la Ferté Saint-Aubin, où il y eut relais et halte. Le Curé, M. Gaudry (4), a pris soin de rédiger, dans le registre paroissial de 1814, le procès-verbal de son entrevue avec le Souverain-Pontife :

« Le vingt-quatre janvier mil huit cent quatorze, à quatre heures et demie après-midi, Sa Sainteté Notre Très Saint Père le Pape Pie VII, venant de Fontainebleau et se rendant à Savone, a passé par le bourg de La Ferté-Saint-Aubin.

« Je, prêtre soussigné, curé de la paroisse de Saint-Michel du dit lieu, ayant été averti de son passage, deux heures auparavant, me suis présenté à la portière de sa voiture, arrêtée au milieu du grand chemin, vis-à-vis la poste aux chevaux, lui ai de suite présenté mes hommages respectueux comme au vicaire de Jésus-Christ sur terre et du chef de la religion catholique, et lui ai demandé sa bénédiction apostolique pour mes paroissiens et pour moi. Sa Sainteté m'a accueilli avec une extrême bonté, m'a appelé son fils, m'a présenté sa main à baiser, a serré la mienne avec une marque d'affection extraordinaire et m'a donné par trois fois différentes sa béné-

(1) Pataud, à cette date.

(2) *Justification de la conduite des ecclésiastiques à l'égard de M. Raillon*, p. 2.

(3) Pour valider les pouvoirs accordés par M. Raillon, les vicaires capitulaires les ratifiaient soit en conseil, soit en secret. En mai 1814, M. Raillon au titre d'administrateur capitulaire substituait, dans ses mandements, celui de vicaire général capitulaire; le 2 juillet 1815, il s'éloignait d'Orléans. Les vicaires capitulaires continuèrent d'administrer le diocèse jusqu'à l'entrée du nouvel évêque Mgr de Varicourt, qui, bien que nommé en 1817, ne prit possession de son siège que le 4 janvier 1820.

(4) M. J.-B. Sauveur Gaudry était né, en 1768, à Orléans, sur la paroisse de Saint-Donatien. Après avoir été curé de Semoy (1804); de Sougy (1805); de la Ferté (1811); de Sully (1822); de Saint-Laurent (1830), il mourait en 1832.

diction, que j'ai reçue à genoux. Elle est restée environ un quart d'heure, et, pendant le temps qu'on a changé les chevaux de sa voiture, Elle s'est montrée bien affable envers tous ceux qui lui ont parlé, et a paru satisfaite de l'empressement avec lequel un très grand nombre des habitans de La Ferté s'est présenté devant Elle pour la voir et recevoir sa bénédiction.

« Dieu veuille que l'air de joie et de contentement qu'Elle laissait paraître, ainsi que tous ceux de sa suite, et de la liberté, dont Elle jouissait dans son voyage, nous présage la paix et le bonheur prochain du monde entier et de la France en particulier !

« Cet acte a été rédigé pour le souvenir perpétuel de cet événement intéressant et heureux pour la paroisse, et signé des principaux habitants de La Ferté présents au passage de Sa Sainteté et qui ont reçu sa bénédiction :

« *Signé* : Prost Louis, Aguesse, Louvée (1). »

Une autre relation nous apprend que comme, dans cette entrevue, ce bon prêtre faisait remarquer à Pie VII qu'il portait toujours sur lui son portrait, le Saint Père « lui serra affectueusement les mains dans les siennes, pour lui témoigner toute la sensibilité de cette marque d'attachement » (2).

L'équipage reprenait la route de Toulouse : il franchissait les limites du département du Loiret pour entrer dans celui de Loir-et-Cher. Ce département, qu'on ne l'oublie pas, faisait alors partie du diocèse d'Orléans. Aussi suivrons-nous encore le Souverain Pontife, jusqu'à ce qu'il atteigne le département du Cher.

A la Motte-Beuvron et à Nouan-le-Fuselier (*24 et 25 janvier 1814*). — Ce fut à la Motte-Beuvron et sur le soir que le Pape terminait sa longue étape, qui avait commencé à Pithiviers. Le Curé était à l'auberge l'attendant. Sa Sainteté fut introduite, « par un méchant escalier de bois, dans une petite chambre, qui contenait à peine un lit, une table et deux ou trois chaises. C'était là qu'Elle devait passer la nuit (3). Le curé Desquirou en profita pour se permettre un long entretien avec le Saint Père (4).

(1) L'acte est bien de l'écriture de M. Gaudry, curé de Saint-Michel de La Ferté, mais le bon curé a oublié de joindre sa signature à celles de ses paroissiens.

(2) *Relation du voyage de Notre Saint Père le Pape Pie VII, de Fontainebleau à Savone*, par M. Massainouiral, vicaire général de Limoges, 1814. Martial Ardant.

(3) *Mémoires du cardinal* Pacca, 2 vol. p. 186. Le 27 janvier, le cardinal descendait à la même auberge, et occupait la même chambrette.

(4) La vie de M. Desquirou mériterait d'être racontée. Né à Aurillac en 1749, gradé à l'Université de Toulouse, il était, au commencement de la Révolution, curé dans le diocèse de Paris ; suspect de favoriser l'émigration, il avait été incarcéré à la Conciergerie, puis condamné à huit ans de galères. Au sortir de la Révolution, nous le retrouvons à Orléans de 1803 à 1808, maître d'une pension, sise au n° 3

Qu'était-ce donc que ce simple curé de campagne, obtenant du Saint Père, si fatigué, une telle audience ? Il avait donc à lui communiquer bien des choses importantes. En effet, M. Desquirou, pendant la Terreur, avait été, à la Conciergerie, le voisin de l'infortunée Marie-Antoinette ; il avait pu la voir, lui rendre des services, et même, la confesser. On peut croire que ces souvenirs ne furent pas étrangers à la conversation échangée, dans une auberge, entre le prêtre et le Pape (1).

Le lendemain matin, comme Pie VII allait monter en voiture, il lui offrit un panier de fruits de son jardin ; il avait choisi les plus beaux de son fruitier. Sa Sainteté daigna accepter cet humble cadeau du Curé ; et, regardant moins à la valeur qu'à l'intention, elle l'en remercia gracieusement (2).

Entre la Motte et Salbris, à un endroit où il y avait relais — Nouan-le-Fuselier, pensons-nous, — un gentilhomme, venant de Limoges, apercevant le Pape dans sa voiture, lui demanda sa bénédiction. Le Saint Père, qui, en 1801, avait eu, déjà plusieurs fois, l'occasion de le voir à Rome, et en France, la lui donna bien volontiers, et lui dit : « Viendrez-vous encore me voir à Rome ? » — « Très Saint Père, je voudrais bien que la chose fût possible ! » — En se retirant, le noble voyageur demanda au colonel Lagorse, qu'il connaissait, où il conduisait le Pape : « Mais, à Rome, » lui répondit celui-ci, plus conformément à sa consigne qu'à la vérité, « à moins que je ne reçoive en chemin de contre ordre ». Joyeux, notre voyageur retournait à la portière et disait à Pie VII : « Oui, Saint Père, c'est à Rome que vous allez, et je vous fais compliment de cette bonne nouvelle ! (3).

A Salbris (*25 janvier*). — Quelque temps après, le Saint Père atteignait Salbris, la dernière paroisse qui relevait, de ce côté, du diocèse d'Orléans (4).

La nouvelle de cette arrivée au relais se répandait au moment même, où le Curé, M. Bezard (5), revêtu du surplis et de l'étole, allait bénir le mariage de sa nièce avec son cousin

de la rue de Mes-Chevaux ; enfin, incorporé au diocèse d'Orléans par Mgr Rousseau, il était, en 1810, nommé curé de la Motte-Beuvron, qu'il quittait à la fin de 1815 pour devenir curé de Meung, où il mourut le 25 décembre 1830.

(1) *Relation du voyage du Pape*, 1814. — Pataud. *Hist. chronol. d'Orléans*. Juin 1814.

(2) *Relation du voyage du Pape* 1814, p. 39.

(3) *Récit historique du voyage et de la captivité de Pie VII*, par M. L. ., Paris, 1814.

(4) Dans un des registres paroissiaux de Salbris, on lit :

« *Note à garder*: Notre Saint Père Pie sept a passé par Salbris le 25 janvier (1814), retournant à Rome, après la prison de Fontainebleau où il avait été détenu par Bonaparte ». Cette note est de la main du curé Bezard. »

(5) M. l'abbé Pierre Bezard, né à Bourges en 1755, était déjà curé de Salbris avant 1793. Pendant la Révolution, il se réfugia à Romorantin, où il vécut du métier d'imprimeur. Là il avait reçu en dépôt les reliques de saint Viatre, et donné asile au trop célèbre Laplanche, décrété

germain (1) : ce qui avait nécessité une dispense, laquelle avait été accordée, de Fontainebleau, par le Pape lui-même. Sans perdre de temps, le bon Curé, sort de l'église suivi des invités de la noce, et se rend à la voiture pontificale arrêtée devant l'auberge ; il reçoit, lui et toutes ses ouailles, la bénédiction de Sa Sainteté. Puis, enhardi par l'accueil plein de bonté que lui fit le Saint Père, il le conjurait de daigner bénir lui-même l'union, pour laquelle il avait concédé une dispense. Sa Sainteté s'en défendit, vu l'impossibilité de s'arrêter longtemps, mais elle ajouta, avec un doux sourire : « Faites-les venir près de ma voiture, je les bénirai, en leur souhaitant toute sorte de prospérités. »

Et les futurs époux, mandés, sortaient de l'église et, sous un ciel hivernal, dans leurs beaux atours, s'agenouillaient près de la voiture, d'où le Souverain-Pontife leur donnait « sa sainte bénédiction » (2). N'y aurait-il pas matière pour un peintre à un intéressant tableau de genre ?

Après Salbris, le convoi du Saint-Père entrait dans le diocèse de Bourges, et couchait à Argenton, la nuit du mercredi 26 au 27 janvier.

Nous ne suivrons pas Pie VII au delà des limites du diocèse d'Orléans. Partout les populations l'accueillirent avec les plus respectueuses condoléances : c'était le Souverain-Pontife ; c'était la victime de l'Empereur.

Au relais de Douzenac, après Uzerche, plusieurs notables se firent postillons pour avoir l'honneur de conduire le vénérable Pontife jusqu'à Brives (3). Là, le colonel Lagorse osa se détourner de la grande route, et faire passer le Pape tout près de la demeure de ses vieux parents, afin qu'il les bénisse.

Après avoir traversé la France, Sa Sainteté, le 8 février, atteignait Nice, et Savone quelques jours après. Ce devait être sa résidence, de par la volonté hypocrite de l'Empereur. Mais, dès le 19 mars, le Pape s'acheminait, à petites journées, vers Rome : il était libre. Son impérial geôlier, cerné et vaincu par l'ennemi, signait, à Fontainebleau même, son abdication

d'arrestation, le même qui avait terrorisé Orléans et le département du Loiret et persécuté les prêtres. Le farouche proconsul rencontra chez le prêtre typographe un autre proscrit, un parent du prince d'Hénin, Charles d'Alsace, assassiné le 19 messidor an II.

C'était un prêtre fidèle : après le concordat, Mgr Bernier, évêque d'Orléans, le nomma, à nouveau, curé de Salbris. Il y était encore en 1822, quand, le diocèse de Blois rétabli, Salbris fut détaché de celui d'Orléans.

(1) C'étaient Jacques-Antoine Laffon, régisseur de la terre de la Ferté Imbault, et fils d'un ancien officier du roi de Selles-Saint-Denis ; et Madeleine Deyès, fille d'un marchand de Bourges et de la sœur du curé de Salbris. (*Extrait* du registre paroissial de Salbris, communiqué par M. l'abbé Plat, curé doyen de Salbris).

(2) ... « Et le même jour (25 janvier) les susdites parties ont reçu du Pape, *qui passait*, sa sainte bénédiction. » (*Acte de mariage*, signé : « Bazard, curé et *oncle*. »)

(3) Le comte de Seilhac, *Hist. de la Corrèze*, p. 162.

(11 avril). Alors les alliés, le traitant comme un prisonnier, l'expédiaient à l'île d'Elbe, dont ils lui abandonnaient la dérisoire souveraineté.

Les 28 et 29 avril, les habitants de Dordives, de Fontenay, de Montargis, de Nogent, de Briare et de Bonny, revoyaient une berline, attelée de six chevaux, escortée par des généraux russes, autrichiens, français, anglais et prussiens, passer rapidement dans leurs bourgs : elle renfermait deux personnages mystérieux : l'empereur Napoléon et le général Bertrand. Sous la haute surveillance des alliés, le déchu se rendait à son lieu d'exil par le chemin même, que sa victime, Pie VII, avait suivi, pour aller au sacre et pour être internée à Fontainebleau. L'expiation commençait. Napoléon ne le comprit pas.

On écrivait de Montargis à l'*Ami de la Religion* :

« Buonaparte a passé à Montargis, le mercredi 28 avril, à 4 h. du soir, dans une voiture à six chevaux, dont 25 hommes à cheval derrière lui. Des chevaux d'attelage et de main, et des piquets de cavalerie étaient passés le matin.

« La garde à pied, qui se trouvait dans les environs, était sous les armes ; elle a su respecter les malheurs de Buonaparte... Celui-ci a traversé la haie de ces braves militaires et est entré dans la ville, en affectant un air de calme... »

Pataud complète ce récit :

« Les généraux, qui l'escortaient, occupaient six voitures, à six chevaux chacune... Les Montargois ont respecté le malheur, en ne donnant aucun signe d'approbation, ni d'improbation. Le général Bertrand paraissait plus affecté que Bonaparte, constamment calme, au point qu'on regardait ce calme comme une jactance d'insensibilité (1). »

Les relais opérés, vite le convoi se dirigeait, par Nogent-sur-Vernisson, sur Briare, où toute l'escorte devait passer la nuit. Napoléon coucha au château de Briare (2). Le lendemain, tous les équipages reprenaient la route de Lyon ; et, après un relais à Bonny, quittaient le département du Loiret. Et après avoir traversé, à son tour, toute la France, Napoléon s'embarquait à Fréjus pour gagner l'île d'Elbe, où il arrivait avant que Pie VII ne fut rentré dans sa Rome.

Pendant que le Pape faisait, à Rome, une triomphale entrée, l'ex-Empereur achevait de s'installer dans son minuscule royaume, où il était arrivé le 3 mai. L'aigle s'envolait le 3 février 1815 ; mais, après avoir plané sur la France pendant *Cent jours*, le léopard, aux griffes duquel il s'était fatidiquement livré, le rivait au roc brûlant de Sainte-Hélène, où il mourut le 5 mai 1821, de deux ans précédant à la tombe le *pèlerin apostolique*, qui avait été, pendant cinq ans, son prisonnier (3).

(1) Pataud.
(2) Pataud.
(3) Pie VII mourut le 20 août 1823.

En apprenant sa mort, Pie VII, qui déjà avait prié le Cabinet Britannique d'adoucir la captivité du grand guerrier (1), permit, à la requête du cardinal Fesch, qu'un service de *Requiem* fut célébré à Rome pour le repos de l'âme de celui qui l'avait persécuté, mais qui, avec lui, avait signé le Concordat. Devant la paix religieuse rendue à la fille aînée de l'Eglise, Pie VII avait oublié les torts de Napoléon à son égard (2).

Mgr Bernier avait donc mal auguré du sacre impérial : Pie VII n'avait pas été un Adrien, parce que Napoléon n'avait pas été un Charlemagne.

Th. COCHARD.

———•◦•———

Un anneau de Pie VII au Grand Séminaire d'Orléans. — Mgr Dupanloup l'avait reçu de la famille Borghèse. Par disposition testamentaire, il l'avait légué à M. l'abbé Desbrosses, son très dévoué vicaire général. Celui-ci, à son tour, le donna au Séminaire d'Orléans.

Cet anneau se trouve maintenant dans une des vitrines de la belle bibliothèque de cet établissement.

C'est un anneau sigillaire, en or, dont le chaton renferme une sardoine, où est gravée en creux l'effigie de N.-S. Jésus-Christ.

On peut croire qu'il a servi au Pape Pie VII pour sceller les actes pontificaux, quand il résidait à Fontainebleau.

---

(1) Il avait invité, en 1817, le cardinal Consalvi à écrire, de sa part, aux souverains alliés pour qu'ils adoucissent les souffrances d'un pareil exil : contribuer à diminuer les tortures de Napoléon serait pour son cœur une joie sans pareil, car, ajoutait-il, comme « il ne peut plus être un danger pour quelqu'un, nous désirerions qu'il ne fut un remords pour personne. »

(2) Le Saint-Père avait encore, en 1817, écrit au cardinal Consalvi : « Le rocher de Sainte-Hélène est mortel, et le pauvre exilé se voit dépérir à chaque minute. Nous avons appris cette nouvelle avec une peine infinie, et vous la partagerez sans aucun doute, car nous devons nous souvenir tous les deux qu'après Dieu c'est à lui principalement qu'est dû le rétablissement de la religion dans ce grand royaume de France. *La pieuse et courageuse initiative de 1801 nous a fait oublier et pardonner depuis longtemps les torts subséquents.* Savone et Fontainebleau ne sont que des erreurs de l'esprit ou des égarements de l'ambition humaine. Le Concordat fut un acte chrétiennement et héroïquement sauveur. »

Orléans. — Imp. Paul Premier